80萬變3200萬！
小資女的
包租鍊金術

目錄 Contents

名人推薦   006

作者序   010

Chapter 1 小資買房成功記

1-01 想要≠需要，轉念從卡奴變包租婆   014

1-02「獵屋行動一」中山國小站   019

1-03「獵屋行動二」市府站   024

1-04「獵屋行動三」南京三民站   031

1-05 房戰攻略全都露，買房包租不 NG   036

1-06 房價高的嚇人，還有機會進場嗎   039

Chapter2 確認你的投資方向

2-01 投資房地產，抗通膨又有歸屬感   054

2-02 坪數大小、總價高低，獲利模式大不同   056

Chapter 3 規劃你的買房資金

3-01 夫妻買屋，要登記在誰名下   062

3-02 頭期款湊不足，如何解套   065

Chapter 4 評估適合你的包租物件

4-01 華廈或公寓改裝的隔間套房   070

4-02 收租兼自住的頂樓   073

4-03 挑高夾層屋   076

4-04 平面套房   078

4-o5 大坪數住家   o8o

4-o6 辦公室   o81

4-o7 店面   o84

4-o8 飯店式管理物件   o87

4-o9 只有地上權的物件   o9o

4-1o 車位出租   o92

Chapter 5 教你聰明看屋不吃虧

5-o1 透過房仲，找到心目中的包租好屋   o96

5-o2 懂得破解仲介虛實，買屋沒煩惱   o98

5-o3 住商合、純住、商辦差別在哪裡？   1o3

5-o4 了解土地使用分區、容積率、建蔽率、土地持份   1o4

5-o5 步驟驗證，確保買的不是「漏水屋」   1o8

5-o6 多觀察窗外環境，嫌惡設施藏不住   112

5-o7 看懂公設比，高低有學問   114

5-o8 公設環境走一遭，住戶水準全都露   116

5-o9 買頂樓該注意些甚麼   118

5-10 可以只買建物，不買車位嗎   119

5-11 何謂分管協議、露台專屬使用   122

5-12 看屋筆記不可少，功課做足才是好   123

5-13 不可忽視的看屋細節   125

5-14 辦理「建物分割」，從此一戶變兩戶   13o

5-15 逛街多觀察，創造投資多元思考   132

Chapter6 尋找適合自己投資的黃金小宅

6-01 一定要知道的選屋基本條件   138

6-02 該妥協嗎？不可不知的購屋嫌惡法則   147

6-03 看似條件差，卻是小資首選黃金屋   151

6-04 透過計劃有效率找到理想屋   154

6-05 多花錢買景觀，租金提高幅度有限   156

Chapter7 學會議價策略成功買房

7-01 從謄本資料看出屋況端倪   160

7-02「不動產說明書」，不動產的健康報告   164

7-03 找尋「成交價」有助談價   165

7-04 了解要約書、斡旋金的不同   171

7-05 議價技巧 14 招大解密   174

7-06 避免「貸款不足」造成違約賠償   181

7-07 了解簽約到交屋的流程   183

Chapter8 搞懂房貸拿到優惠利率

8-01 挑選適合自己的房貸種類   188

8-02 如何和銀行談到較低的利率   191

8-03 辦理房貸不 NG 的教戰守則   193

Chapter9 教你改造房客愛、租金高的包租屋

9-01 租屋裝潢首重「維修方便」   198

9-02 自己監工發包，節省預算創投報   203

9-o3 色系選擇有一套，客群廣泛一把罩　　2o6

9-o4 做好收納規劃，提升包租房好感度　　2o8

9-o5 格局小調整，空間放大好寬廣　　212

9-o6 營造質感小豪宅，房東荷包不減少　　214

9-o7「一房變兩房」，提升包租屋競爭力　　218

Chapter10 做對行銷好房客自己上門

10-o1 利用「網路」行銷包租房　　222

10-o2 與房客多攀談，找出可靠好房客　　225

10-o3 運用帶看技巧，房客承租意願高　　227

10-o4 讓房客續租，減少空置率的技巧　　228

10-o5 如何找到「外國房客」　　23o

Chapter11 想當輕鬆房東非知不可

11-o1 簽租約要注意的事項　　234

11-o2 何謂「租賃契約公證」　　237

11-o3 何謂「租賃管理公司」　　239

11-o4 包租婆貼心甘苦談　　241

Chapter12 還款計畫做周全，提早退休不是夢

12-o1 還款有概念，少揹十年債　　244

12-o2 提前還本金，到底省多少利息　　248

12-o3 想提早退休，請你和我這樣做　　252

名人推薦

《資深媒體人》邱明玉

　　認識里歐娜多年，一路看她努力存房的歷練過程，憑藉他驚人的毅力，看過三百多間房後，成功的將 80 萬增值為 3200 萬，證明只要有心，人人都能是贏家，看完這本里歐娜的《80 萬變 3200 萬！小資女的包租鍊金術》，我真的不得不說，它絕對有別於坊間用投資客角度出發的書籍，真真正正用小資本，鉅細靡遺的從資金運作開始解說，非但獲益良多，也令我茅塞頓開，錯過這本書，等同錯過致富的機會，誠心推薦給想達到財富自由的小資族們。

邱明玉

氣象先生，《新聞龍捲風》主持人　戴立綱

　　我自己是「知識控」，主持節目也是上至天文下至地理無所不談，希望透過和來賓的討論談話，讓觀眾獲取知識。房地產一直都是個頗受關注的議題，畢竟有土斯有財的觀念在華人世界裡根深蒂固，從長期投資的角度看，房地產不但相對保值又能傳家。里歐娜的《80 萬變 3200 萬！小資女的包租鍊金術》，從書名開始就有玄機：80 萬變 3200 萬！包租鍊金，How to do？書中的 12 個章節為你說分明！

戴立綱

理財專家　盧燕俐

　　沒有好的家境、背景，不代表沒有致富成功的機會，重要的是自己的心態，還有執行力。看著里歐娜從花錢沒計劃的小資上班族，調整心態後節約度日，苦心鑽研房地產的相關知識，並將儲蓄投入房產投資，讓自己辛苦掙來並留下的錢，變成三間幫她收租金賺錢的黃金宅。

　　她的經驗振奮人心，過去你是什麼樣的人不重要，重點是你想成為什麼樣的人，過什麼樣的生活。這本書不只是教你成功當個包租公、包租婆，更重要的是幫助你鼓起勇氣、堅定信心，透過知識學習，小資族靠薪水也能買房存本，過有品質的退休生活。

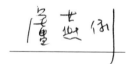

電視名嘴　江中博

　　讀完里歐娜的《80萬變3200萬！小資女的包租鍊金術》，非常誠懇真心地為她按一個讚！愛花錢不是罪，欠債沒什麼了不起，但花了錢還找罪受就要不得了！人人都想過安穩富裕的生活，但放眼全球經濟萎靡，物價齊聲喊漲，薪水聞風不動，有錢人繼續更有錢，越來越多人被逼進貧窮線，你可以選擇隨波逐流、坐以待斃，也可以像里歐娜一樣，拿出小資族沒錢就花時間研究的魄力，讓銀行和需要租屋的人，幫你賺到養房優退的錢！

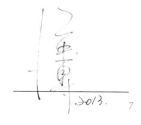

2013.

《新聞龍捲風》節目名嘴　彭華幹

　　人生的發展，有時候是被逼出來的。台灣的一般上班族面對的現實環境，想要老的時候能過和現在一般水平的生活，自己存養老本是一定要做的，光靠社會保險那是一定不夠的嘛。里歐娜以親身經歷寫的《80萬變3200萬！小資女的包租鍊金術》，她對房市的觀察，還有小資一族投資的「老二哲學」，都讓我鼓掌叫好，資金有限就用知識和智慧戰勝市場，就像她在書中說的：先苦一陣子，再富一輩子！

彭華幹（幹哥）

You got me, 里歐娜！

《新聞龍捲風》節目名嘴　張友驊

　　不給真相就報料！我被鄉民封為「驊神」，代表大眾對真話的飢渴，是不容許被隨便唬弄的。在此刻的台灣，想靠政府和老闆提高薪資所得讓人民賺大錢，這件事全世界應該不只三個人知道，根本就是辦不到！想賺錢，當然要靠自己！一介平凡上班族里歐娜，她用一條龍的概念，把買房包租、以租養貸的操作心法講清楚說明白，鑽研到底的精神和我不相上下。她拿自己的人生經驗跟你分享，自己賺錢也希望你賺錢，這樣的書不讀它一讀，你說是不是太可惜。

張友驊

創新旅行社董事長，東京房東網執行董事
大馬房東網總經理　李奇嶽

　　我和里歐娜的看法相同，對房地產都是長期投資的概念，而且有志一同，專攻「坪數小、人口稠密、生活機能佳、交通便利」的房產，只租不賣，退休後只要靠收租就能不愁生活，達到財務自由。

　　我相信只要挑對好房子、做好房貸規畫，買房子並沒有想像中的困難。曾經有許多人問過我投資房產的要領，里歐娜將自己 6 年來買 3 房收租養房的經驗，有系統的整理成書，現在有人再來問我小資族怎麼成功買房，我一定推薦他們讀這本書！

作者序

　　身為上班族的你，是否也常在工作疲乏之際，心中默默幻想著「財富自由」，在全球金融艱困的今天，如何在亂世中找到資產增值的方法，抓住穩固資產結構的關鍵，我選擇了「存房置產」來做為我的理財起步，開啟未來的財富大門。

　　歷經了六年的時間，我成功的將「資產總值」從 80 萬提升至 3200 萬，不斷的鑽研學習，讓我看到了退休生活的願景，「千萬富翁」也不再是個遙不可及的夢想。

　　2007 年，我存到了人生中的第一桶金，當時的我 28 歲，拿著 80 萬作為頭款，選定了尚未開通的「新蘆線—中山國小站」，以總價 540 萬買了屋齡六年、挑高三米六、坪數約 15 坪的新古屋，也因為前屋主已經裝潢好，我也就隨即以兩萬多順利出租了，而租金也剛好支付房貸。

　　2010 年，距離上次買房已經過了 3 年，省吃儉用的生活方式，讓我們夫妻倆辛苦攢下了 100 多萬，於是我們又再度興起買房的念頭，而這次選定了「板南線—市府站」，以總價 665 萬買了屋齡 8 年、挑高三米六、坪數約 15 坪的新古屋，此時卻面臨頭款不足、貸款成數不夠的困境，花了好一番功夫才籌足了款項，這部分在書中也將詳細分享。

　　2013 年，當我回頭審視這兩間房的現值，發現都已增漲 7 成以上，隨著房貸的減少，房產淨值也相對提高，不但提升了投資信心，更激發了儲蓄的動力，夫妻協力累積 3 年多的存款，我們決定入手第三間房，這次選定了尚未開通的「松山線—南京三民站」，以總價 835 萬買了屋齡 7 年、挑高四

米五、坪數約 13 坪的新古屋，隨後我們很用心的將原本不起眼的小房子，改造成兩房兩廳的亮眼小宅，也順利的找到好房客。

今天的我以實價登錄的成交價來做初算，得到約莫 3200 萬的資產現值，在扣除房貸餘額後的「資產淨值」則為 1700 萬，在現今的低利環境，房地產不但保值、資產倍增的效益更讓人意想不到，它不但養成我節省存房的好習慣，更讓我看到了退休的曙光。當然，這些成果並非偶然，如何找出黃金屋作為包租的物件，過程中又該注意些什麼，藉由此書分享，希望人人都有機會當上包租公，進而達到「財富自由」的目的！

貼心提醒

內文中出現（詳見 7 － 0 1 ），可利用頁面右上角的篇章編號快速查找。

Chapter 1

小資買房成功記

1-o1　想要≠需要，轉念從卡奴變包租婆

1-o2　「獵屋行動一」中山國小站

1-o3　「獵屋行動二」市府站

1-o4　「獵屋行動三」南京三民站

1-o5　「房戰攻略」全都露，買房包租不 NG

1-o6　房價高的嚇人，還有機會進場嗎

1-01

想要 ≠ 需要，轉念從卡奴變包租婆

· 「儲蓄」為理財之本
· 不讓物慾控制你，找出讓自己快樂的泉源

　　投資房地產對我來說，並非一夕間孕育的想法，股票、基金、房地產都是投資的工具，但致勝關鍵在於「戰勝人性」，有時 EQ 遠比 IQ 來的重要多了，為何在景氣低迷時，股市一片哀鴻遍野，能獨善其身的人卻少之又少，原因在於人性，就算一時戰勝了大盤，也未必控制的了人性，縱使每天勤奮的消化成堆的資訊盯著大盤，卻可能因為一時的衝動，就將「投資」轉為「投機」，落得全盤皆輸，當然這並非一場賭局，但對所有投資人來說，控制心態卻是艱難的課題。

　　因此，在極近負成長的金融環境下，眾多投資管道中，我選擇了「房地產」，我是個愛計畫的處女座，喜歡天馬行空的設定夢想，卻很實際的落實規劃，雖期盼穩定的執行，卻不設限未來的可能。從小在父親努力存房的影響下，覺得「房地產」是相對安全的投資方式，不僅有強迫儲蓄的效果，長時間也可換取驚人的增值效果。

從分期零利率到揹循環利息

　　然而，想投資房地產，得先存到人生的第一桶金！對於受薪階級的我，這肯定是場硬仗！以往的我也曾迷失過，即使收入進帳，就謹記「先存再花」的原則，但遇到愛不釋手的物品，依舊忍不住刷卡購買，即便都是低價的單品，積少成多也是為數不小。加上每每看著購物台，只要主持人高呼「每日只花 15 元立即擁有，今日推出『分期零利率』，電視機前的你還在等甚麼？」就像中邪一樣，立刻拿起電話，絲毫把持不住，這也難怪老公常取笑我太容易被購物台吸引，不但參透不出「分期零利率」的陷阱，還落入「循環利息」的萬丈深淵。

　　即便他這麼說我仍然不以為意，甚至說服自己，錯不在我，「儲蓄計畫」並無改變，只是明天會碰到甚麼喜愛的東西，這可全然不在我的掌控範圍，一切要聽從天意……就這樣，捲入自我放逐的漩渦中。

　　直到有一天，一個毛毛細雨的午後，「帳單來了！」我老公吆喝著，這一喊驚擾了正在更衣室享受戰利品的我，拆開帳單後，帳單上的數字讓我返回殘酷的現實，隨手想將新買的「牛仔褲」塞進大抽屜裡，卻怎麼塞也塞不進去：「蝦密！抽屜滿了！」而且是滿到不能再滿，塞得我滿頭大汗，全因為我足足有一百多條「牛仔褲」，現在回想起來覺得簡直是「有毛病」。

　　老公看著狼狽的我，語重心長的說：「老婆，不就這一雙腿，能穿的了幾條牛仔褲，不就這一雙腳，能穿的了幾雙鞋！」這幾年來，他

從未苛責我，總是用半開玩笑的方式一笑置之：「買太多鞋是因為妳『蜈蚣病』發作，哪天病好了就不買了，只要買到妳的快樂，也就值得了。」聽完這一番話，我陷入深思，索性擺了一地的牛仔褲和鞋，我發現有些只穿過一次，有些是全新的，甚至有些老早被我遺忘，我慢慢體悟「購物」只能帶給我一時的快樂，隨之而來的卻是揮之不去的「空虛感」和雪片飛來的「帳單」，它阻礙了未來，也吞蝕了信心。

認清需要什麼，想要什麼

彷彿買了好多玻璃杯，滿足了收集慾望，卻慢慢發現，無論裝水、裝茶、裝牛奶都是用同一個玻璃杯，因為你只需要一個杯子，並不需要那麼多，只是你從未發覺。每次渴望收藏的東西，購買的當下往往是最快樂的，靜待時間稀釋了擁有的滿足感，我不再欣賞它一眼，生活帶走了新鮮感，我也不再被吸引迷戀，或許，因為擁有了，就沒甚麼好追求了，所有的狂熱也隨即枯萎了，那只是滿足好奇心的一件「收藏品」罷了，最終也只是在更衣室裡擺著！放著！收藏著！等待下一次的寵幸，運氣好的會被選用幾次，運氣差的就等著作古吧。

愚蠢的我，才頓時了解，「需要」與「想要」的不同，花了好長的一段時間，沉著的與自己對話，企圖找出心靈空缺的地方，不斷的問自己：如果內心深處有一個「愛儲蓄的我」，那麼另一個「愛花錢的我」又是怎麼一回事呢？

我不斷在書海中尋求啟發，增加能量，開始學習記帳，在「節儉儲

蓄」和「享樂生活」之間取得平衡，每天自我喊話：若你連自己都控制不了，還談甚麼夢想，講甚麼「財富自由」，別人做的到，你為何辦不到，難道夫妻倆工作一輩子唯有淪為卡奴的命運嗎！沒有力量可以超越你的心靈，控制了你的心，就控制了一切，那些誘惑干擾不了你，因為一切你說了算。

控制物慾，找到真正的快樂與安全感

當時的我，運用信貸先清償了卡債，再逐月償還信貸，藉此將利率控制在範圍內，並嚴格控管信用卡的使用，單以現金來購物，現在回想起來，約莫兩年的時間，我都不大敢碰信用卡，直到篤定拿回主控權，成功駕馭「購物慾」後，才又重新啟用，我開始拒看購物台、如非必要盡量少逛街、避開所有可能令我失控的路線，任何細微的地方都不放過，從節約水電、三個月才買 2 件衣服、節省電話費、自己帶便當……就連頭髮都自己剪，幾乎做到只進不出。

然而，節儉和吝嗇是兩回事，在合理範圍內，和朋友喝喝小酒、唱唱歌還是必要的，省錢就像減肥一樣，若是一味的禁錮享樂，很容易一開口就吃掉整個提拉米蘇，再次失控！因此，當花則花，不該花則不花，每一筆都該經過深思熟慮，讓金錢發揮最大的作用！

「儲蓄」為理財之本，就像是練功前的蹲馬步，馬步蹲穩了才來談理財。王永慶先生曾經說過一句話：「你賺的一塊錢，不是你的一塊錢，你存的一塊錢，才是你的一塊錢」，隨著儲蓄金額的增加，也理

出了心得和成就感，我終於了解為何王永慶先生會得到快樂，以往的我總是懊惱，像這樣的企業家，為何生活過得如此簡樸，這樣的人生還有樂趣嗎？在我力行多年省錢儲蓄的體悟下，我漸漸了解快樂並非僅限於「物質享樂」，可以是「企業經營」的成就感，也可以是「善行布施」的心靈富裕，物質的享樂，往往是短暫且空虛的，儲蓄理財和快樂並不抵觸，唯有在不夠認清自我的情況下，才會漫無章法的拿「物質享樂」來填補內在的空虛，對年輕人來說，這更是與「社會接軌」和「證明存在感」的模式。

今天犧牲享受，明天享受犧牲

多年來，我沒有智慧型手機，也不辦行動上網，每一筆生活花費，都會在「需要」與「想要」，「價格」與「價值」之間，找到最有利的消費方式，生活倒也過的踏實自在，至少一切都在我的計畫之中，不會再被「物慾」牽著鼻子走了！

在學會了儲蓄這門功夫後，堅定的心念讓我對未來充滿自信，怎麼說呢，我不但精準的控制了生活預算，心境也是富裕滿足的，就像是仙女對我施與了幸福魔法似的，魔法粉晶亮的灑在我的身上，神奇的讓我不再恐懼，不斷的對自己說：現在的我「犧牲享受」，未來的我必定「享受犧牲」！我們每天都在寫自己的歷史，正所謂無因既無果，幼嫩的新芽需要露水的灌溉，主宰自己的生命，當一個好的架構者，才有豐收的一天。畢竟真實世界裡並沒有「哆啦Ａ夢」，總是能在關鍵時刻給予協助，讓懶惰的大雄回到過去「重寫考卷」，你說是嗎？

「獵屋行動一」中山國小站

· 小資也許買不起一線地段，但貼著交通建設買準沒錯

歷經了幾年克勤克儉的日子，2007 年總算如願以常的累積到我人生中的第一個百萬，也開啟了我的獵屋計畫。回想當時，政府並無打房政策，銀行對精華地段的捷運小宅限制較少，我又是毫無貸款的優良信用者，放款成數還算寬鬆，於是，我們夫妻倆鎖定了大安區、信義區、松山區、中山區，以總價 600 多萬，15 坪的捷運宅為目標。

菜鳥看屋滿頭包，累積經驗再出發

當時的我剛接觸房地產，根本是小紅帽逛大街，菜鳥一個，對於屋況分析，仲介伎倆完全不懂，我們看了最少 50 間小宅，曾看到一間微風廣場旁的物件，屋齡雖已二十幾年，不過使用空間實在，管理效能也不錯，和老公商量後，我們找了認識的仲介依地址調閱謄本（詳見 7-1），我清楚記得屋主住在土城，仲介朋友騎著他的小摩托車一路殺到「土城」去找屋主，我們滿心期盼能有好的回應，不料屋主卻

說：「已經賣掉了啊，你怎麼還跑來我家？！」天啊！真是有夠瞎的，那之前的仲介是怎樣，都賣掉了還帶我們去看屋，我已經用迅雷不及掩耳的速度，火速找到屋主進行斡旋了，最終還是失敗，總之是無緣啦。後來那棟建物重新拉皮，也因為「雙敦學區」的加持，房價可說是一飛衝天啊！

扼腕的事還不只一件，最令我印象深刻的是市府站—松山高中對面四米二的 V1，預售屋時建商還請到「林志玲」代言，當時可說是聲名大噪，由於地點好，屋況佳，我就直接和老公商量選一間來買吧，以這個地點的商業發展，應該會有不少外商或上班族來承租，顧不及仲介還在場，見獵心喜的我想強力說服他，當時真是太傻太天真，就不能等仲介離開後再討論嗎？就如此迫不及待嗎？當仲介在旁暗自竊喜的時候，老公邊和我暗示眨眼，邊冷靜的按耐著我，叫我不准躁動。沒錯！我老公就是個「超級冷靜派」，對於共同的理財大計，我們早協議好，他負責基金股票，我負責房產投資，不過目前我創的佳績大幅度超越他的股票績效！總之，我冷靜的老公「強烈」要求看完「中山區」的物件，跑完今日行程再做決定，於是乎我們即刻起身聯絡下一位帶看的仲介，前往中山區，只見剛才還在竊喜的仲介，聽聞難掩一臉失落。

很快的我們到了中山國小站，這是一間屋齡 7 年、權狀 15 坪、挑高三米六且公設齊全（氣派大廳、健身房、閱覽室、24 小時物業管

理）的小宅，記得當時的屋主還住在裡面，是個從預售屋就買入的女孩子，一手屋主，原先的用途就是自住，因此收納功能很強，木作工法也算細緻，空間規劃有客廳、主臥、衛浴、和式、廚房、更衣間、儲藏室。由於是「邊間」，使得通風採光特優，最吸引我的是「大面的落地窗」，讓即使身處在坪數小的屋內，也不會因空間幽閉而心情鬱卒，對小宅來說，大面的落地窗（見右圖）確實難得，讓我驚訝的是廁所居然還有「對外窗」。

生活機能方面，成熟的商圈滿足了日常所需，摩斯漢堡、晴光市場、頂好超市、便利商店、離中山站的百貨公司也可說是近在咫尺，交通便利更不在話下，民權西路上有多路公車可搭，離當時尚未開通的捷運「中山國小站」，步行僅僅 2 分鐘，簡直就是到站即到家。以上種種條件，讓我頗為心動，即便如此，它還是有它的缺點，雖然，已經接近民權西路，周邊有中山國小、新興國中的加持，學區裡的文教氛圍濃厚，但若往另一頭走，卻免除不了酒店之類的嫌惡產業。

幾經思量後，我們開始認真的討論，我說：「就地點而言，當然要以『市府站』為首選，不但捷運到位，百貨商圈步行可達，簡直就是蛋黃中的蛋黃，你說是不是？！女人買屋當然就得貼著百貨商圈買，準不會錯的，這有甚麼好分析的！」我吵鬧的高談闊論著，期盼獲得如雷的掌聲，不過冷靜的老公卻冷眼看著我一笑置之，說了一句很經典的話：「老婆，你覺得『市府站』的 40 幾萬要變成 50 幾萬比

大面觀景窗，引入了陽光和好心情。

較容易，還是未開通的『中山國小站』30 幾萬要變成 40 幾萬比較容易？」

因為不知道他想表達甚麼，索性一臉混沌的望著他，他接著表示「市府站」的一切早已到位，在風險評估上，選擇尚未開通的「中山國小站」賺取開通後的「補漲空間」才是萬無一失的做法吧。在旁的仲介朋友點頭如搗蒜的深表贊同，看他說的振振有詞，聽起來似乎蠻有道理的，好吧！給他點面子，我覆議。於是乎入手了第一間包租屋，就此展開了我們的「包租人生」，屋主開價 650 萬，最後以 540 萬成交，良好的屋況，讓我過戶後免整理直接找到日本租客，以兩萬多元順利租出！

且慢⋯⋯故事就這樣結束了嗎？

當然不是，記得我老公語重心長講的那一句經典語嗎？

「老婆，你覺得『市府站』的 40 幾萬要變成 50 幾萬比較容易，還是未開通的『中山國小站』30 幾萬要變成 40 幾萬比較容易？」

結果如何？

時光飛逝經過了六年的今天，雖然這間「包租起家厝」也翻倍漲，但市府站的 V1 也不惶多讓，有過之而無不及，居然站上了一坪近 120 萬的高峰，這⋯⋯真是令人啞口無言、難以接受！想當初某人（我的傻老公）居然還說連站上 50 萬都很吃力，換我來個一笑置之。

買房看緣分，做足準備下一間會更好

佛說知足常樂，我也別再鑽牛角尖了，是說這間「包租起家厝」也沒讓我失望過，不但總價翻倍漲，在「交通便利」和「辦公商圈」的雙管效益下，出租一直很順利，六年來「空置招租期」不超過兩星期，幾乎呈現滿租的狀態，算是我眼裡的模範生。加上我多年來的買屋經驗，老天爺告訴我，買房絕對是緣分，總以為是你在選房子，那可不見得，其實是房子在選你！錯過的就讓它錯過，也別再扼腕了，做好萬全的準備再出發，絕對會有好屋在後頭等著我們。

1-03

「獵屋行動二」市府站

· 存錢如減肥，千萬不要平日挨餓，一朝狂吃前功盡棄
· 觀察市中心的都市開發案，搶進周邊先卡位
· 租屋非自住，不用十全十美才購入

　　有了首次購屋、包租順利經驗的我們，打算趁勝追擊，三年來不停的儲備資金，與房仲交流，研讀房產知識，立志洗去「房市菜鳥」的汙名，蛻變成房市中的「浴火鳳凰」！

理財並非過苦日子，是要讓未來過好日子

　　2010 年離上次買房又過了三年，「先存再花」與「記帳」的效果可說是立竿見影，「省錢」表面只是克制消費的利器，卻不是每個人都能運作順暢，因為，執行成功的關鍵在於「心態的建立」，看的膚淺點，不就是在「節省開銷」，哪來那麼多學問？若你肯賦予它更深遠的意義就是「管理好錢財」與「營創好未來」，如果你總有強烈的

被剝奪感，老是想像自己正在被搶劫一樣，還每個月都來搶一次，陷入「自虐自憐」的苦情中，就算省再多的錢，相信你也快樂不起來，你說是吧？

　　這時不妨採取「漸進式」的心態調整，例如：朋友約唱歌三次，選一次去就好，不過唱歌真的超貴的，能不去盡量別去了，除非你真的很愛唱，用減少頻率的方式找出「自我妥協」的策略。結婚多年的我，更體悟出「團結力量大」的道理，當然也得在雙方價值觀對等的情況下，否則老婆多買一個包，老公多換一支手機就吵到不可開支，是很難取得共識一起生活。對於生活的夥伴（老公、老婆），我們要「心生尊敬」，我們要有「同理心」，不可厚此薄彼，也拒絕揮灑無度，善用「資源共享」，如此可省去大筆的生活開銷，還能締造更高的投資效益，簡單來說就是「藉理財之名，搶老公之財」啦！然而，萬事起頭難，省錢的目的不是過苦日子，而是創造未來的好日子，適時的心念轉換，才能持之以恆的堅持下去。

沒事逛街兼看屋，累積看房經驗

　　這幾年來，「看屋」變成我最大的興趣，喜歡穿梭於巷弄之間與仲介攀談，觀察房市脈絡，有疑慮就追根究柢的問，打破砂鍋問到底的方式，常把一堆人給問倒，不放棄的我還會請教代書、房仲、銀行，甚至直接問政府，網羅所有房產知識與時事，空閒時我會設定單一地點，今晚就選六張犁站吧！在心裡暗自決定後就立馬前往，未必有和仲介約好，單純隨處逛逛，看看建物的外觀，巷弄間的環境，連人群

的類別與素質也不忘觀察，搜尋正在路邊立牌的仲介攀談，了解區域買氣，甚至拿著飲料四處與管理員交朋友，講實話不認識我的人，還挺容易誤會我是房仲業呢！

以往沒有「實價登錄」，資訊不夠透明，為了透析市場，我甚至連上個廁所，都抓著隔壁的人問：「朋友，請問你是住在附近的居民嗎？請問你知不知道你家現在一坪多少錢啊，我好喜歡附近的環境，可以透露一點點嗎？」使用洗手間時，突然聽到隔壁傳來的問候，應該很尷尬吧，現在回想起來還蠻好笑的。

力求做到「知己知彼，百戰百勝」，機會永遠是留給準備好的人，看遍了兩百多間房後，結交了不少仲介朋友，功力大增的我磨拳擦掌準備再次獵屋。第一間房選在中山區，雖然成效頗佳，但是中山區有不少小宅招租，基於「市場競爭」與「風險控管」的因素，這次我將範圍僅設定於大安區、信義區、松山區，以總價 700 多萬，屋齡 19年以下，15 坪的捷運宅為目標。

從核心周邊向外搜尋買得起的目標屋

看遍了板南線、松山線、信義線的捷運宅，最後還是鍾情於「市府站」，「信義計畫區」內的當然是買不起，三年前看好的 V1 也早已高不可攀，但我仍然持續的研究「周邊環境」與「建設議題」。

那一年「統一阪急」與「市府轉運站」都剛開幕，回想起當時

uniqlo 進軍台灣展店，簡直就是萬人空巷，此外「大巨蛋議題」也持續發酵，我還觀察到「松山高中」旁有一片土地都是平房（如圖1），如此精華的地段怎麼會有「平房」呢？再次激起了我的好奇心，四處打探相關消息，原來它叫「台北機廠」，台鐵用來修理火車的地方，佔地超過 17 公頃，未來將申請都更，將「工業用地」變更為「商業用地」，不只區位絕佳，更是台北市少有的大型完整土地，號稱「第二信義計劃區開發案」，將規劃主題式商場、商辦大樓、百貨公司、觀光旅館、住宅區等，開發利益上看 500 億，天啊，光看資料就夠令人振奮了。

鎖定範圍後，我開始沿著「基隆路」往「東興路」的路線尋找，整排都是面對「台北機廠」的物件，有個周末與仲介約好了當晚看屋，記得那晚看了三間房，其中一間，令我印象深刻，不但「兩面採光」還「面 101」，美麗夜景盡收眼底，立刻吸引我的目光，當下還將屋內熄燈，陶醉於窗邊的動人景觀（詳見 6-5），出價前我先調閱謄本，

圖 1 –「台北機廠」，佔地超過 17 公頃，未來將申請都更

不過看完謄本，我的心也涼了一半，屋主持有兩年，兩年中並無「出租」與「自住」，很標準的投資客，屋主開價 900 萬，研判在景觀稀有、屋主為投資客的條件下，想以 700 多萬的預算談成，必定是個「不可能的任務」，我想就算派「阿湯哥」出馬也無望吧。「理性」把沉浸在夢想裡的我拉回現實，簡直是一巴掌打醒！

房子不夠好，用小錢裝潢微整型逆轉勝

縱然如此，我依舊有如阿信般的瘋狂看屋，歷經了一番努力，總算讓我找到一間不錯的房子，那是間面對「台北機廠」、屋齡八年、挑高三米六、坪數約 15 坪的中古屋，空間規劃有客廳、廚房、衛浴、和室、書房、主臥，但是「客廳格局」受限於浴室門，使得客廳的座向不佳，不但沙發後面有門，會坐不安穩，也顯得客廳狹小（詳見 9-5），重點是面「高架橋」，可說是賣相不佳，那麼我又為何會感興趣呢？

正所謂危機就是轉機，當你認定有危機就轉身，很容易就此錯失良機，與財富擦身而過，找房形同尋覓玉石，琢磨過的清透玉石，你一眼就看出，卻未必貨真價實，運氣差點兒就買到染色的假貨，而且肯定價值不斐，找出未經琢磨的石頭，看穿蘊藏的玉石，回歸房子的「本質」才能開創致富的機會。

我仔細推敲「改造的可能」，發現只要更改浴室門的方向，客廳就會寬廣舒適（詳見 9-5），至於面橋的缺點，物件位於高樓層，屬於

「俯視」橋面，並非正對橋面，並處於車流慢速上坡進入高架橋的區段，因此，並沒有呼嘯而過的行駛噪音，加上是「俯視」橋面，望向窗外還能欣賞「京華城」的夜景與未來「台北機廠」都更後的大面景觀，採光充足且隱私性絕佳，原先就裝好的「氣密窗」也可杜絕灰塵與噪音，所有問題也就迎刃而解了。

　　要談屋以前，我先協同裝修師傅前往現場，交換些意見並確認「更改浴室門」的想法是否可行，接著請仲介調閱謄本並了解屋主背景，屋主是對夫妻，在此居住了八年，一手屋主，「賣屋」是因為有了小孩，空間不夠用，是標準的換屋族，這樣的條件談成的機會很大，屋主已經持有八年，獲利空間絕對不小，即使出價低一點，他仍然獲利，端看他要不要放手而已。另一方面屋主的身分是「換屋族」，除非資金充足，否則就需要賣掉手中的房子，才能拿回資金做為下一間房的頭款，集結行情調查，屋主開價750萬，決定以660萬進行斡旋，果然屋主願意見面談，最後加了五萬元，順利以665萬成交，記得是在仁愛路的房仲總部談成的，一下樓我簡直樂翻了，顧不得當時已經晚間11點，還抓著老公去吃火鍋大肆慶祝，交屋後也才花了十萬元整修與添購家具後，就順利以兩萬多元租出，才過了三年的時間，現在的窗景越是美麗了，雖然「台北機廠」尚未招標，但新蓋好的「松山文創園區」已使窗外景觀更添風采（如下頁圖2、圖3）。

圖 2 – 回到家即可欣賞無敵夜景，在都會區裡是多幸福的事啊

圖 3 – 右看京華城、左看松山文創園區，中間那片平房就是台北機廠的基地，未來的夜景絕對可期！

「獵屋行動三」南京三民站

· 平日看屋當興趣，累積實力才能趁勢入手
· 精準地段房價難凍漲，是優質投資標的

　　自從接觸房地產以來，我就日以繼夜的磨練自己，是也沒有那麼誇張啦，又不是當兵操課，但我的確持續看屋並累積銀彈，也藉此培養「精準的眼光」與「市場敏銳度」，我父親曾經說過：「每個人一生中都有幾次致富的機會，必須果斷的洞悉契機，否則機會消縱即逝，當你錯失良機，就會拉大你與富人之間的級距，伴隨時間的流逝，財富的級距也將越拉越大。」

　　這段話深深影響著我，父親白手起家自行創業，對於未來他從未懈怠，總是能掌握致勝關鍵再做決定，然而，他總對我說：「心生膽怯裹足不前，往往是自信不足的表現，財富不是瞬間可以達成的，它需要持續的堅持與自我修練，忘卻自身的限制，不好高騖遠，也不排斥接受挑戰與冒險！」

勤看多比較，在高房價中找到買得起的黃金屋

距離上次買房，又過了三年的時間，手中累積了三年的存款，卻沒有明確的買房計畫，畢竟房價高的嚇人，令人難以入手，但「看屋」依舊是我的興趣，平時沒事還是會看看房子，有些朋友覺得看房很累，我卻越看越有心得，也不吝與人交換意見，有天仲介來電表示，想介紹一間位於松山線—南京三民站的七年中古屋，權狀 13 坪、開價 888 萬、室內挑高四米五，這點的確打動了我，因為北市府不再核發室內超過三米六以上的建照，未來珍藏意味濃厚，在加上以我對市場的了解，開價還挺實在的。

知名建商蓋的建案，大廳規劃的很不錯，廚具衛浴也都是日系品牌，七年來屋主從沒住過，也無出租，好笑的是居然連水都給停了，寧願空置也不願出租，超陽春的「夾層裝潢」和老古董的「實木沙發」（詳見 9-6），樓梯超陡的，每走一步都驚險萬分，一不留神就會從樓梯上滾下來，只見我每爬一次樓梯，仲介就在旁叮嚀著小心一點、小心一點，深怕我摔一個狗吃屎；「電路插座」也規劃不完全，簡單來說就是空屋一間。

不過優點也蠻多的，四米五的室內高度，讓兩層樓都可站立且毫無壓迫感，最難能可貴的是還有「陽台」可曬衣服，連同「機房納入」的空間，大約有 18 坪左右的空間可以使用，空間不算小，足夠規劃兩房兩廳了（詳見 9-7），離未來的捷運站也僅需步行 5 分鐘，生活機能便利，旁邊就是「觀山河濱公園」，平日休閒的好去處，夜晚的

景觀更是心曠神怡（如圖1），但因「棟距狹窄」導致採光不良，慶幸通風還算良好，看過那麼多房子，其實精華區裡採光差的物件不在少數，比起採光，我更看重「通風良好」，因為「空氣」是住宅呼吸的基本元素，也正因採光不佳，才握有議價籌碼，能在預算內進駐精華地段。

圖1– 步行三分鐘「河濱美景」盡收眼底

「南京三民站」本來就是我屬意的地點之一，看準尚未開通的松山線，依然有補漲的空間，「南京東路」商辦林立，號稱台北的「華爾街」，租屋力道有撐，前一站「松山站」松山車站 BOT 案正如火如荼的展開，在外界一致看好軌道經濟的呼聲下，BOT 案規劃有商辦、商場、飯店，下一站「小巨蛋站」，在「南京東路」與「健康路」交接的出入口，將以「永久地上權」進行捷運共構並興建商場，忠孝復興站的 SOGO 就是開發成功的先例，然而「南京三民站」夾在兩站之間，有「商業行為」與「重大建設」的區域就容易推升房價，這幾乎是鐵的定律。

深思熟慮後，我們決定談看看，長期耕耘的結果，出手自然無需猶豫，但周全的「前置作業」也是不可或缺的，先請仲介調閱「謄本」（詳見 7-1）和「不動產說明書」（詳見 7-2），確認產權及屋況，再拿著物件住址，請三家銀行進行鑑價（詳見 7-3），並確實找出「成交價」與「屋況」，或許你會問：找尋「成交價」就好（詳見 7-3），找尋「屋況」用意為何呢？！

同棟不同戶有價差，屋況是關鍵

一棟建築有四個面向，內部裝潢、樓層高低、是否為邊間都影響其價值，一坪差距 1 到 2 成是很稀鬆平常的事，若屋主拿「高樓層」且「裝潢華麗」的成交價，與低樓層、無裝潢、無採光的物件相提並論，在你不知情的情況下，你不就被狠宰了嗎？ 網羅「成交價」是基本功，若能得知「屋況」和「面向」，不但對「價格認知」有幫助，甚至還能在談判時派上用場，藉由實價登錄、房仲業、網路資訊，進行交錯比對，若是房仲賣掉的物件，也會保有完整的資料（包含照片）與去化天數，銀行鑑價通常較為保守，在市價、銀行鑑價、屋況之間取得平衡，設定好「底價」，並且預備好「出價級距表」（詳見 7-5）才進行斡旋談判。

萬事俱備後，我們決定以 790 萬開始斡旋（詳見 7-4），若是仲介認定價格過低與賣家想法差距甚遠，有時仲介會連「斡旋金」都不收，免得被屋主罵也做白工，但仍舊會期盼你以更高的價格出手。

　　當晚我們順利約到了屋主，通常仲介會把雙方隔離在兩個房間內，避免各持己見時，價格不易謀合，但也相對保留了仲介操作的空間，畢竟他們是從中傳話的人，買賣雙方都不清楚他們和對方說了些甚麼，但最令我驚訝的是房仲居然派了「七」個人來談這間小房子，簡直嚇壞我們夫妻倆，是有必要那麼大陣仗嗎？！夫妻倆獨自在房間裡討論著⋯⋯

　　叩！叩！叩！聽到敲門聲，我們趕緊假裝沒事結束剛剛的對話，只見仲介拿了一堆餅乾隨手放在桌上，親切的詢問：「里歐娜，請問您要喝茶還是咖啡？ 屋主已經到達現場了。」就這樣為今晚的「買賣談判」揭開序幕，當晚從七點談到半夜一點，對！你沒看錯，就是半夜一點，談了將近六小時，整桌的餅乾早就被我給吃光了，簡直把我給累壞，說到底這也是仲介的技倆之一，耗盡雙方體力，趁著大家腦筋混沌時，等待任何一方做出乾脆的決定，雖然，最終是以 835 萬成交，有往上加了幾十萬上去，但能以這個價格買到，還是令人開心啊，不過因為累慘了，一覺醒來到隔天，才慢慢意識到那種瘋狂的喜悅。交屋後，運用了很多裝潢巧思順利的把大一房改造成兩房（詳見9-7），不到 10 天就找到房客成功出租了。

　　這六年來，除了幫自己談房，還有多次幫親友談房的經驗，領悟出很多議價技巧（詳見 7-5），寫這本書的目的，也是希望可以幫助到更多想買房的朋友早日圓夢。

1-o5

房戰攻略全都露，買房包租不 NG

· 兵不厭詐，這是戰爭！

· 踢爆房仲伎倆，憑藉堅定的毅力戰勝房市

　　為了搜尋心中理想的房子，並省卻一些房產交易的繁複流程，通常都會委託仲介，仲介的店面又分為直營店和加盟店（詳見 5-1），直營店的案件通常是互通的，只要給他案件編號，多半都可一次帶看，如此一來，即可縮短買方的時間成本，又能減少成交的「去化天數」（從開賣到賣出的天數）。

了解房仲生態小資逆轉勝

　　然而，台灣的房仲業如雨後春筍般開立，有些精華區的房仲業簡直比 7-11 還多，真的很離譜，想當然爾競爭激烈，說實在的，要在這行混口飯吃絕非易事，也無須把房仲妖魔化，但爛的仲介為了促成交易，賺取獎金，以低劣的操作手法引君入甕也是常有的事，對於買房這種動輒百萬，上則千萬的人生大計，可說是差之毫厘，失之千里，

身為小資族的我們怎可不慎！否則喜劇開場，悲劇落幕，非但痛不欲生，絕對令你扼腕到輾轉難眠。

套用一句李連杰在《投名狀》裡說的話「兵不厭詐，這是戰爭！」然而這場戰爭可是從你上網找尋屋訊時就已開打了，此話怎講，除了各大房仲網的物件，坊間也有不少賣屋平台可網羅屋訊，明明就是同一間房子，有的仲介開 1000 萬，有的卻開 900 萬，看的買家是一頭霧水，這到底是怎麼一回事？

原來「低價搶客」也是仲介的手法之一，箇中奧妙也將在 5-2 裡詳細解析，房仲搶客的方法千奇百怪，即便在看屋時，也會為了營造搶手氣氛，同時約多組客人看屋，有時還未必是真的「買家」，索性請同事來幫忙演戲也是常有的事。曾經在和 A 仲介出價斡旋後，10 分鐘內立即接到 B 仲介來電表示，「里歐娜，那間你喜歡的 XX 案件，已經有人出價 XXX 萬了耶，您要不要立即出價把物件搶回來」我心想，挖哩勒，那不是就是我出的價嗎，該如何避免同行間的算計破壞，也是買家應該學習的（詳見 5-2）。

在你出價時，仲介常會激動的說「里歐娜，曾經有位買家出價 730 萬都沒買到了，你出 660 萬不行啦，絕對買不到！」好笑的是我最終是以 665 萬成交，哈哈哈，這類的說法未必真實，懂得察言觀色探虛實，才不會被話術牽著走。我曾經碰過一個很油條的仲介，他不停口沫橫飛的說：「里歐娜，你有所不知，這物件可是超級搶手的，甚至有人出價到 1000 萬，屋主都沒賣耶，若你想看出價紀錄，我也

可以拿給你看啊」聽完這番話，我冷眼望著他並開口說「好啊，把出價時的斡旋單拿來給我看看。」他愣了一下，深知自己牛皮吹過頭了，馬上尷尬的改口「也不是啦，這些資料也是要花時間翻找的，只怕會耽誤您寶貴的時間。」我心想：哇塞，你當我是白癡啊，真的很可笑。可見真有人被他給唬弄過，我也隨即找藉口離開，懶得和這種不誠懇的仲介在那邊瞎哈拉，浪費時間。

守住底價，一定要準備出價級距表

　　當仲介聽聞你要買房包租，不肖業者也會刻意報高租金做為誘因，例如公寓隔套房的物件，常以滿租的盛況來算投報，即便獨立套房，有時也會告知外國租客的高租金水準來吸引你，這時你要保持冷靜思考：哪來那麼多外國人啊！對於說話不客觀，甚至刻意隱匿屋況的仲介，最好敬而遠之，即便買賣雙方已經進入議價過程，也絕對不可鬆懈，準備好「出價級距表」與懂得「出價技巧」（詳見 7-5），才不會在最後關鍵時刻，慘遭滑鐵盧，損失大筆金錢。

　　當然，「房仲業」雖然有它的奸詐黑暗面（詳見 5-2），但卻是十分辛苦的行業，在與房仲諜對諜，精明計算房價的同時，若我們得到好的「帶看服務」，也該心存感激，有同理心並感謝他們的付出，才有機會累積好的人脈。

房價高的嚇人，還有機會進場嗎

· 別害怕，勇敢看屋去！

　　打開電視機，今天說哪裡一坪成交 80 萬」，明天又說哪裡一坪上看 100 萬，後天喊著：「換北市一間房，不吃不喝 12 年」，我真的想問：「到底有誰能夠不吃不喝？」這些誇張聳動的新聞內容，不嚇死大家勢不罷休，嚇的你別說買屋圓夢了，連出門看屋都裹足不前，索性來個直接放棄，不聞不問，免得內心痛苦，你的「房價認知」也是僅限於電視機裡嗎？

　　這讓我想起我有一個朋友，他和我一樣都是小資上班族，拿著近 200 萬的頭款，一直很想買間小宅自住，有次他致電給我：「哈囉，里歐娜，這星期六你有空嗎，可否陪我一同去板橋看房子。」我毫不猶豫的就答應了，我是個既熱心又愛分享的人，小學時的我拿過挺多獎狀，不是因為成績優異，獎狀上通常只有四個大字——熱心服務，哎呀離題了，總之我超級希望自己微薄的力量可以幫助到朋友，哪怕只是一點點也好。

很快的星期六到了，他騎著機車載著我，沿途不忘和我介紹生活機能與環境，我們在附近的巷弄間穿梭了好一陣子，終於他停在一個小公園，開口問要喝點甚麼，他去買。我納悶著不是要看房子嗎，於是開口詢問：「你和仲介約幾點啊，想買的又是哪一棟呢？」他邊笑邊說：「哈，其實沒有耶，我沒和仲介約，只是很喜歡這裡的環境，想請你幫忙看看這個區塊好不好？」我一臉疑惑的看著他，接著和他聊了很多，原來他找房的幾個月來，沒看過幾間房子，大部分都是運用「房仲網」在電腦前看房子，幾乎顯少與仲介接觸，一方面害怕仲介不理他，會給他臉色看，另一方面也是能夠看屋的時間並不多。

萬事起頭難，跨出去才有機會

其實，這樣的經驗我也有，到了忠孝復興站、大安站……這些精華區，仲介帶看過幾次，若買家沒有出手，有些仲介就不會再積極聯繫了，甚至連你主動詢問一些事情，他都愛搭不理的，但是，那又怎樣？難道一定要買的起才能看屋嗎？就不能多看，增廣見聞嗎？小資族有罪嗎？若是這位仲介意興闌珊，就換下一位，再不行，就再換！難道就因如此，你就選擇怯懦的躲在電視機前嗎？你錯過的其實不是房子，是一個營造家的機會，是一個致富的可能。

當然，大部分的仲介為了業績還是很積極的，開始接觸仲介後，你會發現簡訊變多了、電話也變多了，這的確打擾到日常生活，但是箇中的拿捏其實在於你，通常我會製作一張「需求表」（詳見6-4），上面清楚記載物件需求、e-mail 和聯絡時間，若有好的物件請仲介

以 mail 或簡訊的方式通知我，資料分析後，再決定是否前往看屋，若是屢勸不聽的無理仲介，我就會直接和他說：「老公把錢拿去買股票了，目前沒有購屋打算，不過還是很感謝你。」這招蠻有用的，想杜絕「仲介緊追」的困擾，就別和他說：「我覺得房價太高了，實在難以入手。」只怕他會用「一堆理論」和「房價先例」企圖說服你，讓你知道房市的好，直接了當告訴他「資金沒了」，他也就沒轍了。

資金不足，到底該怎麼買？

買房無論自住或收租，「財力評估」絕對是首要考量的因素，若是以收租為目的，也要將「空置期」與「未來升息」的壓力一併評估，才是安全的做法。那麼到底需要多少錢，才能晉升包租公的行列呢？

如何運用最少的金額，開創最高的利潤，就算晚上睡覺，房子也在錢滾錢。對於「小資包租術」有三個概念要掌握：

1 搞懂要準備多少頭款
2 善運「包租預備金」，爭取時間差
3 選擇適合自己投資的物件

這三個概念是相互連結的，一環扣一環，箇中奧妙我用以下 7 個 QA 實例來詳細解釋。

Q1：小英問：「要準備多少頭款，我才能當上包租婆 ？」

A：在問這個問題之前，應該要先問：「你能承擔多少房貸？」，以薪資 4 K（1K ＝ 10000 元）的小英為例，若每月生活支出 1.5K，每月結餘 2.5K，以年利率 2 來算，大約可揹負 500 萬房貸，每月本利攤還需付 2.5K，能買的物件價格會落在 600 ～ 700 萬之間。以總價 700 萬與 600 萬元的房子為例 ：

· **總價 700 萬的房子：**
　貸款八成（頭款 140 萬、房貸 560 萬）
　貸款七成（頭款 210 萬、房貸 490 萬）
　另外還有仲介費、代書費、契稅……等雜費約 10 ～ 12 萬

· **總價 600 萬的房子：**
　貸款八成（頭款 120 萬、房貸 480 萬）
　貸款七成（頭款 180 萬、房貸 420 萬）
　另外還有仲介費、代書費、契稅……等雜費約 10 ～ 12 萬

　· 以總價 700 萬，貸款八成來看，頭款＋雜費＝約 150 萬。
　· 以總價 600 萬，貸款八成來看，頭款＋雜費＝約 130 萬。

Q2：小英問：「每月多省的 2.5 萬，都拿去還房貸了，還有甚麼生活品質可言，碰到失業或是租不出的窘境，又該如何是好呢？」

A：這是一個很棒的問題，也是大家要思考的重點，不過，小英忽略了幾個關鍵，他所說的狀況是在「無租金收入」的情況下，若在「台北市」或「新北市」選擇一間捷運小宅，以月租 2 萬元來做計算，小英每月僅需補貼 5000 元來繳房貸，換句話說每月還多出 2 萬元可存，而生活機能好的捷運小宅，是否能順利租出，重點在於「租金」與「配備」，若是租金 2 萬無法順利租出，就將租金降至 1.5 萬，每月則需補貼 1 萬元來繳房貸，仍然多出 1.5 萬元可存，而在房屋成功租出時，小英就該積極存錢以做為「包租預備金」與「生活預備金」。

何謂「包租預備金」與「生活預備金」，簡單來說就是因應「租屋空置」或「生活變動」時，可提撥出來支付「房貸」或是「生活」的錢，當你開始經營包租生意，永遠要有兩個帳戶分別存放這兩筆資金，一筆是因應「生活」，一筆是因應「租屋空置」，這兩筆資金如非緊急，不可混為一談，平時井水不犯河水，否則系統亂套，資金運轉也產生危機。

若小英以租金 2 萬成功租出，房貸月繳 2.5 萬，她每個月僅須補貼 5000 元繳交房貸，扣除生活費還有 2 萬元可存，一年可存 24 萬，將 24 萬一分為二，「生活預備金」與「包租預備金」各得 12 萬。

Q3：小英問：「太好了，我的 『包租預備金』 已經有 12 萬了，代表可以因應 4.8 個月的房屋空置期嗎？」

A：小英的概念並沒有錯，確實可因應 4.8 個月的空置期，但他忽略了出租成本，每種生意模式都會有成本，「包租生意」也不外如是，包含房屋稅、地價稅、電器損壞、屋況維修等等，而以小宅來說，「房屋稅」與「地價稅」大約 2 萬元左右，其他的屋況維修費就抓不準了。

不過在屋況良好的情況下，扣除稅金後，她還有 10 萬元可做為「包租預備金」，可以因應 4 個月的空置期，以小英的狀況，當「包租預備金」與「生活預備金」都達 24 萬的水準後，「預備金系統」就算完成了，往後逐月多存的資金，即可移做他用或「還本金」以達到降低利息的效果。

若想買總價更高的物件，就可持續累積你的「包租預備金」去貼補房貸差額，運用時間差所累積出來的資金來做周轉。比方說你有 300 萬頭款，能夠負擔 500 萬的房貸、月付額 2.5K，理論上只能買 800 萬的物件，但卻看上一間 900 萬的物件，貸款 7 成 630 萬，房貸月繳 3K、租金收入卻只能收 2.2K，租出去得補貼 8000 元，租不出去就得支付 3K，這時你就可以運用手邊的「包租預備金」來進行週轉，如此運作就依然把房子給買下來，又不會造成生活負擔。

簡單來講，就是房子租出去的時候就努力存錢因應空置期，搶進場

買房，否則等到錢存好了，房價已經漲到不知道哪裡去了，但是絕對要在能負擔月繳額的情況下喔，差一些些金額，還可以這樣運作，如果是差距甚遠，那就乖乖再儲蓄一陣子吧。

Q4：小英問：「剛買到房的時候，一定沒有包租預備金，萬一沒那麼快租出去，要怎麼辦？」

A：這樣的考量是對的，以 700 萬、貸款 560 萬（八成）、頭款需約 150 萬為例，我們可以利用三種方法：

1 多存 20 ～ 40 萬

也就是說存夠 170 萬以上再買房。

2 多信貸 20 萬

買屋時除了房貸之外，用信貸或和親友籌借 20 萬。

3 善用寬限期

寬限期就是和銀行約定一段時間，只繳利息不還本，如果一開始就「本利攤還」是月繳 2.8K，理論上是超出小英能負擔的 2.5K，差的那 3000 元就可以運用「包租預備金」來操作，如果小英是名下無房貸者或首購族，就有機會可以申請到寬限期 3 ～ 5 年，月繳額降為9000 元，但是絕對要在寬限期間，有規律的多還本金，以免三年寬限期過後，月繳額會暴增為 3.2K。

Q5： 小英問：「要用 700 萬在台北精華區買房，萬一是小坪數，貸的到八成嗎？」

A：「優質套房」是有機會貸到 8 成的，近年來在房價高漲的的情況下，很多首購族進而轉買套房產品，因此，近日來媒體也爭相報導銀行對「優質套房」的成數放寬，有望貸款 8 成，前提是購買人信用優良、收入穩定，市場有很多 10 年內的中古屋，以「挑高」為特色，強調「魔術空間」，可以自行施作夾層、隔間，增加使用空間，有時 13 坪的物件可以規劃兩房兩廳（詳見 9-6、9-7），講實在話，名為套房，但是兩房兩廳或是 1+1 房的使用空間早就顛覆傳統套房的思維，而且租金水準也比較高。

也要提醒大家，挑高這類產品也像頂加、隔間套房一樣，是有法律爭議的（詳見 4-3），不過要好出租，就一定要有捷運，如果買台北市捷運站旁的挑高房，承貸人名下無貸，信用好的狀況下，很有機會可以貸到八成。2013 年 7 月我朋友買在南京三民站、挑高四米五、權狀 12.88 坪的物件，他就貸款到八成，也順利隔成兩房兩廳，但是並非每家銀行都承做，建議多問幾家，不過，光我知道的就有 6 家以上願意承做了，所以其實選擇很多，可以多比較。個人非常不建議買傳統套房，就是一進門就是床的那種類型，一定要有隔間，小家庭可以入住的條件，脫手性和租金行情才比較好。

Q6：小英問：「租金不能與房貸相抵，每個月還要貼錢，投報會划算嗎？」

A： 做為一個投資者，多思考、常發問，絕對是沒有錯的，我們先來了解小英的房貸結構，每個月「本利攤還」2.8K，其中有 9000 元是利息、1.9K 是本金，而利息等於是被銀行賺走了，支付完也就消失不見了，但是我們還的本金並不會消失，當房子出售時，先前還的本金即可一次拿回，就算不出售，在房產增值時也可「增貸」將資金借出再運用。

以月租金 2 萬來看，房客幫忙支付完利息 9000 元，還多幫忙還了本金 11000 元，一年就幫忙還了 13 萬本金，那就是實質賺到的租金，也就是說當**房貸在我們能負擔的情況下，租金只要超過利息就是賺錢**。

然而，「租金」並非房產唯一收益，「增值」才是致富的關鍵，以六年前中山區的捷運小宅為例，權狀 15 坪、屋齡 10 多年的華廈，依據當時買價約 500 ～ 600 百萬，貸款 7 成，月租金 2 萬多來算，六年來租金約收 150 多萬，扣除「利息」與「出租成本」，租金約賺 90 ～ 110 萬，但六年後的今天，從「實價登錄」來看，房價卻從 500 多萬增值為 800 ～ 1000 多萬，因此，若長期持有，在土地稀有、抗通膨等因素下，都是有增值空間的，把它當成高利率定存，不但有「強迫存房」的效果，還可賺取「租金」和「增值」的雙重報酬。

Q7： 小英問 ：「但是，現在房價高的嚇死人，要怎麼買啊 ？」

A： 當然還是有方法！小英設定的房屋總價是 700 萬，建議看「開價」850 萬左右的房子，賣家總是會釣高了來賣，說真的若是多個 1 ～ 2 成我還勉強可以接受，但是有些屋主，不知是不缺錢還是不想賣，開價還真是誇張，因此，千萬別被開價給唬了，做足功課，透析市場價格（詳見 7-3）才能知己知彼，若是看到喜歡的物件，也勇於出價，免得錯失良機。

在挑選物件前，應該先參考「看屋地圖」（詳見 6-1）想清楚 「買家→銀行→房屋→承租方或賣方→競爭物件」的關係是甚麼，並了解「包租物件」的選擇有哪些（詳見 Chapter4）。

小英是個上班族，能支配的時間有限，又是獨自一人經營「包租生意」，應避免「頂加」或「公寓隔套房」這類有拆除風險，且須花費時間精力「維護屋況」與「打點房客」的物件。

為了不造成生活壓力，「租金」設定在 1.8K ～ 2.2K 之間，要達到這樣的租金水準，交通、區域、產品是決定「租金」的關鍵。就台北市而言，「中山區」有機會買到 700 萬以內，租金行情 2 萬元左右的捷運小宅。對小資族來說，租金真的很重要，為避免空置期造成生活負擔，寧願坪數小一點，也一定要有捷運，或是未來的捷運沿線

也行，台北市、新北市裡只要步行 10 分鐘可達「捷運站」的物件都可列入考慮。

另外，小英可選擇挑高宅（詳見 4-3）做為她的包租物件，使用面積大，可做更多空間規劃，有時 13 坪的挑高屋可規劃成兩房兩廳（詳見 9-7），我的三間包租屋都是 10 年內的中古屋也都是挑高小宅，租金水準都在 2 萬以上，使用空間彈性大，相較於傳統套房，推開門就見到床和沙發的空間，挑高宅的隱私性較好，脫手性自然比較好。

包租投資注意避險

買屋要買在「安全水位」內，何謂安全水位，若是區域行情為一坪 45 ～ 60 萬，最好買在 40 ～ 52 萬之間，當然這沒有絕對，要連同「屋主心態」和「物件條件」才能客觀的做判斷，「不追高」是很重要的大原則，房市也有盤整的時候，雖然是以長期置產為考量，還是要預留「安全防線」較為妥當，別等到錢存夠了才開始看房，平時就該多涉略，累積未來投資的信心。

然而，在房價高漲的今天，重大建設的議題持續發酵，曾經在買南京三民的房子時，老公問了我一句話：「老婆，你覺得房價還會再漲嗎？」

我只回了他一句話：「你覺得『捷運蓋好後』的房價，會比『捷運蓋好前』的房價來的低嗎？」

小資投資謹記老二哲學

想靠有限的資金買房，就別太完美主義，任何市場調查都要進行，就連交通建設、新聞消息也要涉略，仔細觀察周邊發展。我也是個資金不足的小資女，每當我在挑選物件時，就會嚴記「老二哲學」，記得我在 1-3「獵屋行動二」市府站裡提及的 V1 嗎，它是 4 米 2 的物件，雖然在 2010 年，我已經買不起 V1，依舊選擇了位於它隔壁的物件，即使它只有挑高 3 米六，但是未來買不起 V1 的人，就可能選擇周邊緊鄰的 3 米六物件，我們不一定要買帝寶，但買在帝寶附近，肯定會連帶受益。又好比「永和」雖處於新北市，但過了福和橋可就是「公館」，「公館」可是大安區，「永和」身為大安區的鄰居，再憑藉它完善的「生活機能」與絕佳的「地理位置」，房價自然不差。

再來談談「南港」，近年來南港議題不斷，高鐵南港站更預定於 2015 年完工通車，加上生技園區、台肥 C3 土地、台電修護處、南港車站商場、台鐵調車場等重大建設都將陸續完工，同樣的道理，屆時必然帶動「汐止」的行情，即便是屋況也是相同的道理，高樓層買不起，就買低樓層，三面採光的邊間買不起，就買一面採光的，要懂得退讓妥協，挨在老大旁邊當小弟準不會錯，老大混的好，小弟跟在旁也能吃香喝辣，小資族買不起最好的，懂得「老二哲學」依舊可獲得開啟財富的鑰匙。

Chapter 2

確認你的投資方向

2-o1 投資房地產，抗通膨又有歸屬感

2-o2 坪數大小、總價高低，獲利模式大不同

2-01

投資房地產，抗通膨又有歸屬感

· 投資房地產無需全付，投資效益仍為全額。
· 考量自身能力，以長期持有做規劃。

　　過去三年，平均一年的存款利率僅有 1.36%，物價漲幅卻高達百分之二，在目前低利環境下，辛苦賺來的錢，簡直就是被通膨吃掉，而且越存越薄。不過，換個想法，其實可以把房產當作「高利率定存」，不但可以強迫自己儲蓄，還能滿足居住的歸屬感，在實踐的過程裡，無形中也增強了「家庭向心力」，還擁有了築夢的理想，內心所獲得的安全感和踏實，也是用金錢買不到的。

　　而且就長期持有來看，在土地稀有、抗通膨等因素下，也都有增值空間，況且銀行可不是傻子，它是在有「擔保品」的前提下，才願意放款給我們，以總價 800 萬的房產為例，若貸款 8 成，現金只需負擔 160 萬，卻不用拿出整整 800 萬的現金才能購買，即便只拿出

160萬,投資效益還是依然以800萬來計算,若是其他沒有「擔保品」的投資,不但失去槓桿操作的空間,銀行也不可能借出640萬的高額,利率相對也比房貸利率高的多。

但是「投資」並非「投機」,購買前還是要考量自身的能力,別買得太勉強,也別太完美主義,以長期持有為規劃,保有「健康的心態」和「正確的觀念」慢慢累積財富才是穩固經濟基礎的關鍵。

投資房地產的優缺點比較

優點	1 抗通膨並享增值效應,當房產增值時,即使不賣屋,仍可和銀行增貸,取得資金做其他投資。 2 可收租開創被動收入,完成退休規劃。 3 自住好安穩,不怕老年租不到屋,居無定所。 4 脫手需要時間,無形中把錢鎖住。 5 有了目標就會努力還款,達到「存房」的目的。
缺點	1 需要投入較多的資金,門檻較高。 2 房貸年限動輒 20 年,買房可說是人生大計。 3 脫手轉現需要時間,靈活度差。 4 出租須面對「房客」和「屋況維修」等雜事。

2-o2

坪數大小、總價高低，
獲利模式大不同

在投資之前，要先設定你想達到的「目的」是什麼？投資設定大致可分三種：

賺總價	「房產增值」目的 ＞「租金收入」目的	房東需補貼房貸支出，生活負擔較大
賺租金	「租金收入」目的 ＞「房產增值」目的	投資可「以租養貸」的物件，生活負擔較小
自住	屋主需全額補貼房貸	努力「存房儲蓄」同時「等待增值」

坪數大、總價高，房貸壓力大

坪數較大的房子，能貸到的房貸成數較高（詳見 Chapter7）。

　　以賺「總價」的概念進行，假設一坪漲 5 萬，30 坪的物件就可賺到 150 萬的差額，10 坪的房當然就只能賺到 50 萬的差額。但就住家需求來說，房租卻是有上限的，並不會因為坪數增加就可相對提高，此外利息成本增加，「以租養貸」更是天方夜譚，對於資金不充裕的房東來說，貸款壓力相當繁重。

　　坪數較大的三房物件屬於大眾商品，空間彈性大，無論單身或是家庭都能居住，乍看條件頗優，但值得思考的是，在「高房價」與「少子化」的影響下，能接手的自住客銳減，在萬物齊漲，薪水不漲的經濟狀況下，三房的脫手性或許沒有兩房來的好。

坪數小、總價低，以租養貸機會高

　　小坪數通常房貸能貸到的成數較低，而「區域」也是能貸到成數的關鍵指標。通常銀行對 15 坪以下的物件都有所限制（詳見Chapter8）。

　　從賺「租金」和「總價」的概念進行，能夠「以租養貸」的機會高，房東生活壓力小，但未來賺取的差價，就沒有大坪數物件來的優渥。

太早進場重劃區，當心找不著房客

　　想當包租公，跟著交通建設、生活機能走是不二法門，而重劃區賣的是未來性，若早期進場，在居住人口尚未飽和之前，商圈環境並不成熟，雖然想賺取房價起飛後的豐厚利潤，可是等待成本卻持續攀高，不但房東想「以租養貸」的機率微乎其微，也需要承擔區域發展的成敗。

　　若是想在機能完善，生活圈逐漸形成後在進場，已經高漲的房價相對提高了投資風險，要是投資客眾多，賣房時也恐有競爭排擠效應，造成賣壓現象，這類物件比較適合資金充裕的房東來做選擇。

Chapter 3

規劃你的買屋資金

3-o1 夫妻買屋，要登記在誰名下

3-o2 頭期款湊不足，如何解套

3-01

夫妻買屋，要登記在誰名下

· 從夫妻兩人與銀行往來的紀錄，評估誰是申辦房貸的優質客戶。

· 名下已有房貸的一方，再貸第二房成數會受限制。

　　夫妻在買房圓夢時，常在思考「房子該登記誰的名下」，正所謂情到深處無怨尤，為表愛意就大方的寫在另一半的名下吧，但人生無常，萬一感情生變，不就勞燕分飛「房」難守，落得人財兩失的下場，屆時分產的利害關係，可不是一句「我愛你」就可終結的。可是「婚後」買的房，若是登記在其中一方，離婚時，可主張一人一半嗎？

　　是可以主張分產的，但可否分的到財產就因人而異了，因為只要是在「婚後」買的房子，即使只登記在一人名下，仍算是夫妻共有財產，賣屋後的所得資金，另一半當然有權均分，剩餘財產較少的那一方可提出「剩餘財產分配請求權」，用雙方「婚後」增加的資產扣除負債，讓兩人均分，但是若是登記的人有一堆債務，兩相扣抵後也所甚無幾，也就分產無望了。

　　講到離婚扯遠了，接下來才是我想分享的重點，在攜手共創家園的同時，到底該如何運用雙方的資產發揮 1 + 1 > 2 的最大效益，在目前銀行緊縮的情況下，到底該怎麼做，才能夠取得資金。再者想湊足頭款，簡直比登天還難，不管如何努力，每天也只能望「屋」興嘆，眼看著房價高漲，卻還是遲遲進不了場。

　　你知道嗎，你每買一間房，該寫在誰的名下都得深思熟慮，因為，這將決定未來可否買入第二間房，當你有了第二間房，你開始多還本金，期盼加速還款的腳步，你更該思索該還哪一棟、還多少？（詳見 Chapter12）因為，這緊緊繫著將來你可否買入第三間房，有策略性的前進，才能開啟財富之窗。

名下已有房貸，銀行會降低第二房的貸款成數

　　在銀行房貸緊縮的政策下，對於名下有第二間房貸者，會進行成數管制，利率也會提高喔。但是，通常名下有房，但此房若無背負貸款，也就是所謂的「有房無貸」的情況下，則不在此限。

評估夫妻中誰是銀行的優質客戶

1 收入優勢

　　收入優渥的一方，就有機會申請到較高的額度。

2 職業優勢

公務員或是前 500 大企業的員工，都可爭取利率調降。

3 良好信用紀錄

信用紀錄中，沒有遲繳、逾期未繳、動用循環利息者為優質客戶。

4. 與銀行的資產往來

除了借款紀錄之外，與銀行還有其他資金往來，利如基金、存款等，這樣不但可以讓銀行更了解你的資金能力，而做出更有利的評估，往來的資金越多，往往越能增加銀行對你的評比。

Tips

> 銀行對有第二間房貸者，會進行成數管制，因此，想購入二房甚至三房的夫妻更應該思考該如何規劃才能順利買房。
>
> 以我為例，購入第一間房時寫在我名下，但是購入第二間房時，理論上寫在我老公名下會比較好貸款，但我們堅持依然寫在我名下，因為，將來有再購入第三房的打算，因此，必須讓我老公名下毫無貸款，才可順利購入第三間房。

3-02

頭期款湊不足，如何解套

- · 變賣用不到的物產
- · 申請信貸補足
- · 拿父母或親人的房子去增貸
- · 向親友籌借
- · 小屋換大屋

我曾經為了買房，賣掉結婚時的黃金手飾，只為了籌得「買屋頭期款」，平時從不配戴的金飾，總算派上用場，拿著身分證到金飾店即可依當日金價變現，真的是非常方便，差點沒連結婚鑽戒也被我賣了，不過店家不收，說甚麼有刮痕之類的話。

「汽車」 如非必要，也可以售出求現，畢竟房價高漲的今天，當交通建設逐一完成，想買屋就更艱難了，車子可以再買，房價卻是不等人的。

信貸可補足部份頭款，夫妻買房，當太太已背負「房貸」，先生就可背「信貸」來補足頭款。但信貸利率高，須優先償還。

黃金、汽車、手錶……這些「有價資產」，都可慎重考慮「變現」的可能性。

向家人親友尋找支援

當家人的房產已經持有多年，房產的「增值效益」再加上貸款餘額的減縮，可以考慮將房子拿去增貸來幫忙你補足頭款。

向親友籌借這應該是最直接的籌款方式吧，但是如果能談好利息的支付，也就能夠提高親友借款的意願拉，而且，別忘了政府有規定每人每年的贈與稅免稅額是 220 萬喔，這點需要留意。

先買小屋再換大屋

有自住需求的朋友，在頭款不足的情況下，其實，可以轉換不同的思維，先購入好區的小宅，再將小宅出租個幾年，賺取租金的同時，繼續儲蓄累積頭款實力，自己還是可以與父母同住，暫緩個幾年再入住，過幾年後若是房產增值，可將小宅出售換得更多的頭期款，若增值幅度不大，也可以取回多年賺得的「租金報酬」或是「取回自用」也很好喔。

Chapter 4

評估適合你的包租物件

4-o1　華廈或公寓改裝的隔間套房

4-o2　收租兼自住的頂樓

4-o3　挑高夾層屋

4-04　平面套房

4-o5　大坪數住家

4-o6　辦公室

4-o7　店面

4-o8　飯店式管理物件

4-o9　只有地上權物件

4-1o　車位出租

4-01

華廈或公寓改裝的隔間套房

· 套房形式出租，住家條件貸款
· 租客管理費神，轉手不易

　　身為小資上班族，歷盡千辛萬苦才存到了人生中的第一桶金，小心翼翼的捧著現金，想著如何進場一圓包租夢，然而，看來看去還是遍尋不著有緣分的「啞巴兒子」，難道認個啞巴兒子真有那麼難嗎？

　　在房市的萬花筒中，要選擇哪種包租的物件，當然關乎銀彈是否充足，不想成為誤入叢林的小白兔，就得在設定好投資門檻後，多研讀法律知識和了解各中利弊，到底公寓隔套房是否有被拆除的風險，飯店式管理的陷阱又在哪裡，以下為你一一解析利弊。

Tips

> 　　一間房子若要變更室內的隔間和結構、增設廁所，或增加兩間以上的臥房，都必須申請「建築物室內裝修審查許可」，如果經由舉報，會有被拆除的危險。

優點

1 若滿租，租金收益高

在滿租的狀況下，租金利潤當然比較豐厚，相較於一般「住家格局」的物件，「投報率」還是比較高的。

2「套房」形式出租，「住家」條件貸款

假設一間 30 坪大小的住家，房東隔成了 4 間套房來收租，不但換得了高報酬的租金收入，權狀坪數卻依然還是 30 坪的住家，銀行自然不會以小套房的限制來看待，將來賣屋時，就算不賣給收租的投資客，也可以賣給一般家庭，只要他們願意再把格局改回正常的空間即可。（詳見 Chapter 7）

缺點

1 無法看到全貌

有個朋友好不容易看中一間 30 坪，隔成 4 間套房的物件，房仲卻以另外三間有租客的說法，只給他看一間套房，如此一來，他就無從判斷屋內是否有「漏水」或其他「管線的問題」，此外他還需要確認平面圖，了解每個房間的座向，這樣才知道每間房間是否都有對外窗，藉此進一步的模擬房客在屋內可能發生的居住狀況，例如 A 房間面向大馬路，B 房間面對靜巷，兩間房的租金設定當然就會有所不同囉。

2 租客多，管理費神，三不五時就得重新招租

　　這樣的包租產品，少說都有 5 ～ 7 個房間，而且需要面對很多位房客，承租的對象通常以學生或是上班族為主，收租催繳、屋況維護，過程相當繁瑣，而且每個租客的「租約起始日」都不同，只要一有房客搬出，房東就要整理屋況，辛苦的再次招租，這類物件比較適合有時間的買家，否則一年四季都在招租，可就累死人了。

3 容易有暗房

　　每間房的採光條件不同，除非這是一間三面採光的絕佳物件，否則「隔間套房」的產品就很容易出現「暗房」（泛指無對外窗的房間）。我有位好友在頂溪捷運站投資了一間隔間套房，有對外窗的房間都很容易出租，那間暗房最難出租，就算順利租出，房客也住不長久。

4 接手的買方有限

　　能接手「隔間套房」的買家，通常是「投資客」或是「置產族」，除非有自住客願意再花一大筆裝修費，將室內恢復成住家格局。

不可不知

1 購買後千萬要保持良好的鄰里關係，避免鄰居即報即拆。
2 預先多觀察，是否已有抗議指標，並和鄰里多攀談。
3 小心賣家利用「假房客」和「假租約」營造滿租的高獲利氛圍。
4 裝潢架高部分，通常為廁所管線，需要多多觀察是否安裝得宜。
5 是否有安裝「獨立電錶」，否則日後還須多花一筆費用。
6 可等待樓下屋主回來，了解該物件是否有讓樓下漏水。
7 無電梯的公寓，為免爬樓梯辛苦，樓層低一點比較討喜。

4-o2

收租兼自住的頂樓

· 使用面積大，可收租兼自住。
· 終究是違建，不會納入權狀，也有被拆的風險。

85 年 7 月 1 日以前，所產生之新違章建築「即報緩拆」方式執行。
85 年 7 月 1 日以後，所產生之新違章建築「即報即拆」方式執行。

優點

1 使用面積大

頂加的使用空間比較大，可以做更多的空間規劃，來提高租金報酬。

2 公設比低

頂加的產品通常屋齡比較高，正因如此，公設比較低，坪數也實在。

3 收租兼自住

有些房東既想收租又想自住，最常見的就是房東住「頂樓」，房客則住「頂樓加蓋」，這麼做既可「收租」又可「自住」，不但滿足了房東的需求，每個月的租金收入還能拿來貼補房貸，可說是一舉數得。

缺點

1 取得成本較高

法律上雖然「頂樓加蓋」是「違建」，但是因為使用面積比較大，賣家多半還是會把價錢提高。

2 違建部分並不納入權狀

「頂樓加蓋」屬於違建，因此，並不會納入「所有權狀」內，當然，銀行在鑑價時，還是會依權狀上的坪數來做審核。

3 拆除風險

即便是在 85 年 7 月 1 日以前所蓋的頂加，被拆除的風險依然存在。

4 收租兼自住，很難避免房客打擾

房東住「頂樓」，房客則住「頂樓加蓋」，這麼做既可「收租」又可「自住」，但是在雙方住所零距離的情況下，日後萬一和房客產生紛爭，甚至交惡，居家生活肯定會受到打擾。

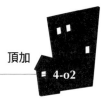

5 屋齡高

即報緩拆的頂加，通常屋齡較高，相對來說建築結構老舊。

6 裝潢費用高，漏水管線須翻新

想買一間 30 坪的房子，裝潢隔間成 4 間套房，不但得支出大筆的裝潢費用，若是一個不小心管線沒遷好，造成樓下漏水，恐怕遭受鄰居抗議。

不可不知

1 維持良好的鄰里關係，避免鄰居即報即拆。
2 預先多觀察，是否已有抗議指標，並和鄰里多攀談。
3 日曬溫度高，以致電費高漲，且容易有漏水的疑慮。
4 「頂加」原本就是屬於公共空間，「水塔」應該開放給住戶來做日常維修，因此在購買頂加時，須要確認是否有預留讓住戶維修的空間，否則，日後將糾紛不斷。
5 周邊有無基地台據點，這類的嫌惡設施也會影響日後脫手性。

Tips

該如何得知購買的「頂加」是何時蓋的，可調閱「空中照相的地圖」作為佐證，而「空照圖」的管轄單位是「行政院農業委員會林務局農林航空測量所」空照圖申請：http://ngis.afasi.gov.tw

4-o3

挑高夾層屋

· 租金收益和脫手性比傳統套房佳。
· 須確認不是「非法夾層」。

夾層屋有分「合法夾層」和「非法夾層」。「合法夾層」可辦理產權登記，「非法夾層」則無法辦理產權登記，有些挑高小豪宅，標榜做了夾層後即可增加使用空間，這類夾層屋多為違法的，如被查獲，夾層將被拆除，屋主還可被處新台幣 6 萬元至 30 萬元的罰款。

優點

1 使用面積大　使用面積較大，可做更多的空間規劃，有時 13 坪的挑高屋就能規劃成兩房兩廳，不但創造了高租金收益，脫手性也比一般傳統套房佳。

Tips

有些挑高屋，樓上和樓下都各有一間廁所，原因是當樓上的空間足夠，就可考慮把樓下的廁所管線直接往上遷到相對的位置，如此一來就可多一間衛浴使用了。

2 屋齡新 挑高屋是近幾年的新產品，屋齡通常較新。

3 有管理 很多建案都會搭配 24 小時管理團隊，包含警衛、秘書。

4 公設齊全 坊間挑高小豪宅，常增設「游泳池」、「健身房」、「閱覽室」甚至「KTV」和「麻將間」娛樂設施相當齊全。

缺點

1 戶數多 通常是以小坪數為主，因此戶數多且出入複雜。

2 拆除風險 如果是「非法夾層」就有被拆除的風險。

3 有樓梯的格局未必適合所有人 夾層屋的浴室通常在樓下，樓上則是以臥室居多，這樣的房屋格局，未必適合老人家居住。

4 公設比高 公設完善的社區，公設比較高，可以評估一下你的使用頻律，以免花了大筆資金買了從不使用的公共設施。

不可不知

1. 常看到房產廣告上寫著絕版四米五，或絕版四米二，那是因為北市府不再核發室內超過三米六以上的建照了，也因此未來的珍藏意味濃厚。
2. 購買這類產品的時候，可以要求仲介提供該戶大樓是否有被報拆的紀錄作為參考。

77

4-04

平面套房

· 若在好學區，是父母設籍的搶手貨。
· 租金難拉高，脫手性較差。

優點

1 總價低

坪數小，總價較低，但是單坪價格卻比較高。

2 好學區可供設籍

好的學區套房，總價低並可設籍，是很多父母親的首選。

缺點

1 使用面積小

這類物件通常面積比較小，一進去就見到床和沙發，空間彈性差，居住隱私也不足。

2 租金拉不高

平面套房未必有管理，加上空間不足，因此租金行情也不會太好。

3 脫手性差

通常只能賣給投資客和單身貴族，客層不夠廣泛。

4 貸款成數低

普遍來說銀行對於權狀未達 15 坪或室內空間未達 12 坪的物件，都會給予貸款成數上的限制。

5 戶數多

若整棟都是小坪數的物件，戶數相對比較多，假使是大、小坪數都有規劃在內的社區，戶數自然就會比較少。

4-05

大坪數住家

· 租金有上限，不像商辦能隨坪數增加。

優點

1 客群廣

大坪數的住家為大眾商品，舉凡單身、家庭都可入住。

2 有機會招攬頂級客層

地段好，管理佳，內部裝潢得宜的物件，可以吸引到外籍人士或是高階主管來入住，有機會爭取到較高的租金報酬。

缺點

1 取得成本較高

如果是位於精華區，取得成本當然比較高，房貸負擔沉重是必然的。

2 租金有上限

房租是有上限的，並不是坪數增加就可相對提高，除非管理好、地段佳在將其裝潢的美輪美奐，才有機會吸引到頂級客群。

辦公室

· 租金水準高於住家,支付方式相對穩定
· 景氣和產業發展都會影響出租率,須精算持有成本。

優點

1 租金行情高

辦公室的租金水準通常比一般住家高。

2 租金支付方式穩定

辦公室的收租對象是公司行號,公司行號通常有能力以開票或是其他付款方式來爭取租金調降,之後也會有「會計」窗口來和房東對應,相對有保障。

3 洞悉產業方向,提升投報率

投資辦公室成功與否,受「產業發展」的影響很大,若能洞悉產業方向,在就業人口和企業進駐以前就布局,能大幅提升獲利空間。

缺點

1 取得成本較高

選擇交通便利的繁榮地段是投資辦公室的不二法門，相較於「住宅產品」卻比較重視小環境和生活機能，有時候鬧中取靜的住家反而受到大家的歡迎，所以，位於精華地段的辦公室，取得成本當然比較高。

2 小坪數辦公室，收租穩定性不佳

在「大坪數辦公室」取得門檻高的情況下，有些投資者會退而求其此選擇「小坪數辦公室」，但是「小坪數辦公室」的收租對象是以中小型企業為主，甚至正在開創的「新公司」或是「工作室」都有可能進駐，「公司規模」對於「營收穩定」有絕對的影響，連帶隱藏「空置率高」和「租金投報不佳」的風險。

3 小心高額管理費

挑選標的物時，「管理費的多寡」需一併考量，實際操作時，才能算出投報率和持有成本，以「大坪數辦公室」為例，假使空置率提高，房東就需逐月繳交管理費，屆時必定造成生活負擔。

4 景氣波動，影響出租率

「景氣波動」必然會影響「辦公室」的出租率，在景氣低迷的時候，「住宅」需求依然存在，「辦公室」卻不相同，當市場結構的支撐力道不足，就會造就企業獲利不佳，以致緊縮支出，甚至歇業結束。

5 受產業發展、政治因素影響

　　「產業發展」的方向，甚至「政治因素」，都會為商辦投下變數，因此在挑選物件前，最好多加留意國家的「產業動態」。

不可不知

1 「管理效率的優劣」會直接影響「辦公室」的出租率。

2 留意「電梯數量」是否足夠，以免造成上班族苦等電梯的窘境。

3 逃生梯和逃生裝置的完善於否，將影響逃生速度。

4 有些辦公室廁所設置在公共空間，有些則可規劃在辦公室內。

5 了解公司行號進駐狀況，不同的產業，將產生不同的客群。

6 每層樓多走動，評估進駐企業的素質，順便巡視是否有嫌惡產業進駐。

7 選擇有「停車場」的辦公室可提升企業進駐率。

8 「大廳門面」也是決定「租金行情」的關鍵之一。

4-07

店面

· 投資金店面，收租自用都賺錢。
· 屬於高風險物件，需準備較多自備款。
· 商圈有可能轉移或沒落，影響出租率。

　　店面的客群和種類很多，像是社區店面、夜市店面、百貨商圈店面、學校店面、辦公室商圈店面、捷運地下街店面、重劃區店面、新興商圈店面，以及一般商圈的店面，徹底的了解「商圈差異性」是找尋物件前必備的「前置作業」。

　　「交通便利」往往決定商圈發展的潛力，選擇的「店面」如果不具有「交通便利」的優勢，很容易因為人潮不易聚集，導致人流量不佳而逐漸沒落。

　　再者，「能見度」是決定店面價值的關鍵因素，「三角窗店面」有兩個面向的廣告效益，而且招牌夠醒目，當然能夠吸引商家進駐，而坐落在巷弄間的店面「能見度」比較差，租金水準比較低，不過，近年來受到高房價的影響，主幹道旁的店面租金也跟著水漲船高，很多

商家退而求其次,選擇商圈巷弄內的店面來營運,像是便利商店就很常選擇這樣的店面。

　　店面附近若有酒店、檳榔攤等「嫌惡設施」,會拉低營業素質和區域氛圍,更要避免任何會阻滯人群匯集的障礙物,例如正在經歷交通黑暗期的捷運沿線、違章建築或柱體結構,不過捷運沿線的商店,只需撐過交通黑暗期,等待未來捷運完工時就會將租金與房價往上推升。

圖 1- 面臨捷運施工,必然對店家造成影響

Tips

店面前的馬路面寬很重要,近年來師大夜市的風波,就是因住戶屢屢以「住宅區6米巷不得從事商業活動」的規定來檢舉店家,造成許多店家紛紛出走。

優點

1 投資優質店面,退休生活有保障

　　誰沒有夢想過擁有一間優質的好店面,不但,可以獲得穩定的租金

收益，更可以同時坐擁「房價增值」和「租金上漲」的雙重效益，讓退休後的生活有保障，當然是人人稱羨。

2 可自用

投資店面不但可以拿來出租賺取租金，如果未來想做點小生意，也是可以能回來自用，如此一來，就可以省去租賃店面的營運成本。

缺點

1 需要較多「自備款」

銀行通常將「店面」視為高風險物件，有時貸款成數不及六成，購買前需要先了解銀行對該店面的鑑價和成數評估。說實話，購買店面的銀彈要很充足，對於小資族來說是挺困難的，但也無須自我設限，多看看多思考，說不定哪天能找到投報高又入的了手的店面也不一定。

2 須承擔「商圈轉移」的風險

「新興商圈」的興起，投資人雖然期待它的未來性，但是隨著時間的增長，等待成本增加，而且也必須承擔萬一商圈未能成型的風險。就算是「成熟商圈」，也可能會因為人潮的轉移，進而影響到出租率。

3 房貸壓力沉重

租金效益好的店面，必定是人潮多、地點好店面，須要投入的資金自然龐大，真的需要財力很雄厚的人，才有辦法運作。

飯店式管理物件

· 客群水平高租金也高，但為小眾市場，須慎選地段。
· 若管理素質下滑，會面臨租金下修問題。

　　所謂「飯店式管理」就是把大樓管理的素質提升為飯店等級的服務，其中包含了行政、安全、環境、機電的管理，以及櫃檯、家務、企劃的服務，通常休閒公設齊全，例如：會議室、游泳池、健身房、閱覽室、SPA 等等。

優點

1 高租金收益

　　這類「服務式住宅」，以「五星級飯店」的素質來打造，例如：衣物送洗、代訂機票、車票、租車，幾乎都能辦到，一般來講，客群水平比較高，像是「外商」、「商務人士」到「高層主管」都可能成為招租對象，「租金收益」自然不差。

2 有租屋管理

以「飯店式管理」的服務類型來看，有些還會涵蓋「替住戶代收租金」、「租屋管理客服」等服務。

缺點

1 公設比偏高

這類社區強調商務功能，往往會有豐富多元的休閒公設提供住戶來做使用，例如：會議室、游泳池、健身房、閱覽室、SPA 等等，但也正因如此，公設比也隨之提高。

2 貸款成數低

物件格局偏向於套房類產品，投資意味濃厚，銀行放款成數恐怕會受到限制。

3 管理素質下滑，影響租金水準

標榜以「飯店式管理」開創高投報，普遍來説不只裝潢的美輪美奐，連同秘書也都是衣著整齊的美麗女士，不但讓人目不暇給，也很容易忽略建物的缺點，未來倘若管理素質下滑，租金也必面臨下修的命運，回歸到房屋本值。

4 屬於小眾產品

「飯店式管理大樓」以高租金收益為主要訴求，購買的對象則多為投資客，格局偏向套房產品，沙發區、床、小吧台兼廚房，室內坪數

盡可能的控制在 15 坪上下，通常公設比偏高，自住客的接手意願低。

5 產業經濟、屋齡影響

由於招租對象多為外商、企業主管、商務人士，因此「產業流動」與「政治因素」都會影響出租率，普遍來說這類的高質素房客對「屋齡」也是很要求的，隨著屋齡增長，可能空置率也會相對升高。

6 出租保證的隱憂

有些物件會以「保證出租兩年」的高投報來吸引買家，即便租不出去，也會由建商來負責承租，值得思考的是羊毛出在羊身上，這些建商所提供的利多，或許早已經反映在房價上，況且下一位接手的買家並沒有這樣的誘因，需要審慎以待。

不可不知

> 1 管理費大約比一般住宅高出 20 ～ 60%，在房屋空置時，房東需負擔管理費支出。
> 2 這類投資型商品，地點選擇相當重要，若非位於精華區，有投報不佳的風險。

4-09

只有地上權物件

· 通常低於一般行情，但無土地產權
· 要繳地租和房屋稅，價格隨土地承租年限遞減

「地上權的住宅」泛指無「土地產權」的物件。「設定地上權」的房子有兩種：

A「地上使用權」：買屋不買地。

B「地上租賃權」：不買屋，也不買地。

優點

總價較低

「地上權住宅」的物件通常低於一般行情，對於缺乏自備款，卻想住在市中心的年輕人來說也是一個新選擇。

缺點

1 貸款成數低

基於無「土地產權」，貸款成數不如一般住宅，通常只能貸到 4 ～ 6 成。

2 須繳納「地租」和「房屋稅」

雖然沒有「土地產權」，但是屋主每年仍需繳交公告地價約 5 %（通常為 1.5 ～ 10 %）的「地租」和「房屋稅」。

3「土地承租年限」遞減，「價格」越低

「地上權住宅」的年限通常是設定為 50 年，土地使用年限到了，住戶就須返還，因此，隨「土地承租的期限」遞減、「價格」也就越來越低，這點是不能忽視的風險。

不可不知

> 1 購買「地上租賃權」的買家，因為沒有「土地所有權」，也沒有「地上建物所有權」，購買者只會拿到一張住宅使用憑證。
> 2 有些「地上租賃權」的物件，以建商的知名度及信用，讓特定銀行對一手屋主進行較優惠的放款方式，但是，仔細想想日後接手的二手屋主，是否能享受同級條款，可就是未知數了。
> 3 「地段」影響價格和投報率，選擇熱鬧有商辦用途的房子為優先，並且審慎評估風險。

4-1o

車位出租

· 平面車位優於機械式車位，買前一定要試停。
· 慎選「區域」和「位置」，減少空租期。

停車位類型多，大致分為平面車位、坡道平面車位、坡道機械車位、升降平面車位、升降機械車位、機械循環式車位等等，車位的形式、地點、入口寬度、高度、載重限制、管理費等等都會影響價值。

優點

總價較低

生活在都會區的我們，大家都有在巷弄間瘋狂找車位的經驗，內心不斷吶喊著「神啊，請給我一個車位吧！」在熱鬧的都會區，車位就是那麼難找，有些人會看中車位總價低的特性，買個車位來出租，在停車需求旺盛的地區，的確有機會創造滿租的成效。

缺點

1 很難貸款

車位分「獨立產權」、「合併產權」兩種,主要分別在於「獨立產權」可單獨進行買賣,「合併產權」則是同建物一起,不得拆賣,兩者都很難貸款。(詳見 5-10)

2 機械車位問題多

若是機械車位,通常故障率比較高,通常出租率不佳。

3 車位也要繳管理費

車位若租不出去,管理費依然要繳,即便收了租金,也需要從中提撥繳納管理費,像是一個車位租 3500 元,但是每個月車位管理費就要付 1200 元,那麼兩相扣抵之下,房東的利潤也只剩下 2300 元了。

不可不知

1 購買「車位」的買家,建議自己試停看看,車位樓層越低當然價格也越低、其中平面式的車位又優於機械式的車位。
2「平面車位」需要進行現場勘查,入口動線是否順暢、車道寬度夠寬闊嗎……等等確認有沒有阻礙物會影響「停車動線」,這些都會影響車位的價值、出租率,就連距離「電梯」的遠近,也會因「便利性」有所差異,而產生價值上的不同。
3 慎選「產權清楚」停車位,並且挑選辦公室、住宅區、商圈周邊,這種停車需求旺盛的的區域,滿租機率也比較高。
4 若無「獨立產權」的車位,想對外招租時,需經管委會同意。

Chapter 5

教你聰明看屋 · 不吃虧

5-01　透過房仲，找到心目中的包租好屋

5-02　懂得破解仲介虛實，買屋沒煩惱

5-03　住商合、純住、商辦差別在哪裡

5-04　了解土地使用分區、容積率、建蔽率、土地持份

5-05　步驟驗證，確保買的不是「漏水屋」

5-06　多觀察窗外環境，嫌惡設施藏不住

5-07　看懂公設比，高低有學問

5-08　公設環境走一遭，住戶水準全都露

5-09　買頂樓該注意些甚麼

5-10　可以只買建物，不買車位嗎

5-11　何謂分管協議、露台專屬使用

5-12　看屋筆記不可少，功課做足才是好

5-13　不可忽視的看屋細節

5-14　辦理「建物分割」，從此一戶變兩戶

5-15　逛街多觀察，創造投資多元思考

5-01

透過房仲，找到心目中的包租好屋

· 即使是「專任委託」，透過調閱謄本也能找到屋主。
·「加盟店」較易爭取到降低仲介費。

　　為了一圓包租夢，我們得用心做足功課，雖然，我們不像富人般，擁有眾多人脈和多到用不完的錢，但是憑藉我們的努力，沒有人脈，我們就創造人脈！正所謂天下無難事，只怕有心人，若你不想成為大野狼口中的小紅帽，收攏所有的教戰手冊，和我一起看房去！

一般約和專屬約的差別

　　「屋主」在決定出售房屋時，會和仲介簽立委託書，可分為「一般委託」及「專任委託」。

　　所謂「一般委託」就是除了這家仲介，也可委託給其他仲介同時銷售，所謂「專任委託」就是只能委託給這家仲介，若使用「專任委

託」，因為是獨佔市場，可能會給予多一點的曝光機會，像是傳單、電子報、店面廣告、戶外立牌……之類的宣傳廣告。

對於「買家」的影響是在於「專任約」只能請「屋主」委託的仲介帶看，也可以記下物件住址，打給熟識的仲介，把地址給他，請他把「謄本」調出來即可找到屋主，說服屋主進行買賣。（詳見 7-1）

「加盟店」和「直營店」有何不同

加盟店

多半是當地的業者自己設立的，兩間「加盟店」有可能是不同的老闆喔，加盟店通常對區域房價是很了解的，但是彼此的案件卻不互通，通常「加盟店」的員工是沒有保障底薪的，有業績才會有收入，因次都會很積極的帶看，買賣雙方若想爭取降低「仲介費」的機率也比較大。

直營店

直營店通常都是由總公司派員展店，因此很重視「品牌經營」，在執行產權調查、篩選物件上都會比較嚴謹，不過，據點也相對比較少，展店地點多半會選擇人口比較多的地區，仲介費也會依照公司規定，彈性比較低。

5-o2

懂得破解仲介虛實，買屋沒煩惱

用低總價釣魚

常在網路上看到賣屋廣告，雖然都是同一個物件，開價卻不相同，而且不只一家仲介在做銷售，競爭激烈的情況下以「降價」來吸引買家是很常見的手法，然而，是真的降價嗎？可能的情況有三種：

1 這是「扣除車位」後的總價，

2 用「不實價格」先把客戶搶到手，

3 根本沒有此物件，只是「找尋客源」的方法。

Tips

「租賃」或「買賣」市場，都常會利用「房屋美照」、「低總價」來吸引買方，去電詢問時，才表明已售出，接著就「了解買方需求」並「留下客戶資料」。

刻意隱瞞「物件缺點」

優質的仲介不會刻意隱瞞「物件缺點」，反而還會主動告知屋況，以免日後發生糾紛。

客人先搶到手在說

當我們努力想找房子的時後，常會找多家仲介一起服務，周旋在仲介之間，如果透露出中意哪間房子的想法，「不肖業者」就會用一些手法來游說你交給他來談。舉例如下：

買家：「其實，有一戶還不錯耶，目前開價 900 萬，我原本想以 780 萬來談談看，但是某家仲介卻說，要我再加價才有機會談，我正在考慮到底要不要加價。」

仲介：「里歐娜，關於您說的那間房子，我曾經有幫屋主賣過屋喔，當時幫他賣的價錢還不錯，因此屋主和我的關係很好，我曾經和屋主談過你喜歡的這間房子，總價七開頭他似乎有可能會接受喔，如果您願意請交給我來談，我一定會努力幫您談成的？」

「買家」心想既然如此，談談也沒差，不管用「要約書」或「斡旋金」，他都成功的先將客戶搶到手，後面的說法可以千變萬化，「買家」也可能怕麻煩不想再換仲介，而繼續談判加碼。

Tips

有意出價時，不需要同時找多家仲介去談，讓賣家感受物件搶手的假象。

屋主是我朋友，直接約出來談吧

在看屋後，你露出了滿意的態度，此時仲介表示屋主是他的朋友，現在就約出來談，好嗎？千萬別說好，在你思緒尚未理清、心情雀躍的情緒下，這絕對是下下策。

談判時，在屋主和仲介同一陣線的氛圍下，促使你做出錯誤的決定，畢竟面對面沒有緩衝的餘地，也容易因緊張而讓局勢失控。而且，這是劣質仲介的做法，如果「買賣雙方」初次見面就成交了，仲介還真是輕鬆省力阿，既不用來回奔波，也不需要從中斡旋，就讓雙方自己聊聊就成交了，這「仲介費」賺的未免也太輕鬆了吧！

催促買方下「斡旋金」

當仲介帶看後，拼命催促你下「斡旋金」，表現出物件搶手，好像你不行動就會馬上被搶走似的，並拼命以「物件分析」和「獲利願景」來強力說服你，此時的你一定要冷靜以對，別被「話術」遷著鼻子走，影響你的判斷力。優質仲介做法是，看屋後隔天才來電關心，並對物件的出價紀錄做些簡述，但不會用迫切的語氣給買方壓力，當買方表明無出價意願後，也不會糾纏遊說。

詢問買方「頭款」有多少

不輕易洩漏資金水位，縱使房仲會詢問，也不必直接回答，表明要看多少「開價範圍」的物件即可，避免房仲拒絕帶看「高價物件」，

也不讓「底牌」攤在陽光下。

「買賣雙方」面對面，容易破局

進入「議價」時刻，通常會將雙方各自隔離在兩個「獨立房間」，「仲介」來回溝通，達成協議前並不會見面，避免「賣方」索價強硬、「買方」出價果斷，導致總價不易磨合，雖然，嫌貨才是買貨人，見面時如果太過挑三揀四，對象若是好地段的賣家，有時候反而適得其反，當然「買賣雙方」隔離的談判方式，也相對保留了「仲介操作」的空間。

租金報高，不切實際

「包租生意」除了重視增值效益，當然也注重租金投報，除了自行調查行情，也和仲介口頭詢問，裝潢不錯的物件，仲介常會以「外商」的租賃行情來做回報，又或者公寓隔套房、頂加等產品也會以「滿租」的盛況做回報，若想購賣這類物件，應該要匯整資訊找出合理的「租金報酬」，以免錯估情勢。

物件搶手的假像

房仲為了營造物件的搶手程度，常同時約多組客人看屋，提升買方出價意願，卻未必是真「買家」，或許只是找個同事來幫忙演戲，而且他們常會以「已經有買方在談價」、「物件很稀有，洽詢者很多」等說詞來熱絡市場，並且以最高的區域行情價，來干擾你對價格的認知。

有人出價，屋主沒賣

我曾經出價 660 萬，仲介卻說有人出價 700 萬，屋主都沒賣了，但是，我依然堅持以 660 萬斡旋，結果居然成交了，而且成交價是 665 萬，若是真如他所說有人出到 700 萬，屋主都不賣了，那麼屋主又何必以 665 萬賣給我哩，除非是屋主心態改變，否則這些說法最終只是為了刺激「加價意願」而已。

同棟的物件，刻意不告知

同棟大樓不只一間在賣，仲介卻沒告知，也許他真的不知道有別間在賣，也可能別間還沒簽委託他才刻意隱瞞，如果喜歡特定的社區，建議你多在市場上蒐尋或詢問管理員。

屋主急售，價錢好談

常在馬路旁的立牌看到「屋主急售」，以聳動的廣告詞吸引買家，但是屋主是真的很急嗎，還是只是招攬生意的廣告詞，虛實之間還是要實際勘屋訪查才準確。

假裝買家和賣家，交錯比對

雖有「實價登錄」，卻因採去識別化、去區段化的方式來揭露價格，同區段的成交價前 3% 與後 3% 會被刪除，對買家而言，無法得知該棟最高成交價，就保留了仲介操作的空間，一般仲介會對賣方報低，買方報高的方式來擴增客源，可交錯比對仲介的資料，增加行情認知。

住商合、純住、商辦差別在哪裡

純住宅和商辦

　　「住宅用地」上所蓋的住宅，只供住家使用，不能登記為辦公室。「商業用地」上的辦公室大樓，可登記一般公司行號。

住商合

　　就是同棟建物裡有「住家」也有「辦公室」的物件，雖然是住家，或許可以登記為公司行號，而在建物謄本裡的「主要用途登記」會含有住、住宅、公寓、商業用、一般事務所或店鋪的類別區分。

　　一般來說登記用途如果是「商業用」或「一般事務所」就可作為公司登記，很多登記為「一般事務所」的建物常會以「住家格局」出售，因此，我常在看房子的時候，會詢問仲介這間房子是否可登記為公司，這可分為兩個層面來看，對住家來說，當然希望越單純越好；但是如果可作為「公司登記」，對於房東來說，也不失為一個增加變通的機會，如果要把一般事務所的物件當成「住宅」，也可以申請為自住，如此一來，房屋稅、地價稅就可當住宅稅率來做計算，但是，有些銀行會會對這類物件做成數管制，每家的規定不盡相同，這點須要留意。

5-04

了解土地使用分區、容積率、建蔽率、土地持份

· 土地使用分區與都更息息相關。
· 容積率與建蔽率,也和土地使用分區密不可分。
· 工業住宅價格低於一般住宅,但須考量居住環境品質。

什麼是「土地使用分區」

就是將土地做「類別區分」,例如「住宅用地」主要蓋住宅,「商業用地」拿來做商業用途,可蓋辦公室、百貨公司……等,「工業用地」就可設置水泥工廠之類的工業用建築。

地目種類繁多,除了以上提到的,還有「農業用地」或「交通用地」。以一般投資物件來說,最常碰到的就是「住宅用地」或「商業用地」,然而土地使用分區就是在不同的地目上進行區分,例如「第一種住宅區（簡稱住一）」 就屬存住宅使用,環境比較單純,「第二種住宅區（簡稱住二）」、「第三種住宅區（簡稱住三）」就是屬

於住商混合區了,可以做為店面使用,因此,「土地使用分區」不但和我們的住家環境息息相關,對於未來是否有機會都更也是有關聯的。

「工業住宅」可以買嗎

一般市面上的「工業住宅」多半是以「乙種工業用地」為主,比起一般住宅用地,「工業用地」的取得成本比較低,因此「工業住宅」也比一般住宅便宜,不過依法並不能在工業區內興建住家,若經查報會處罰鍰 6 ～ 30 萬元,並且勒令拆除、改建、停止使用或恢復原狀,但是目前尚未聽說有被拆除的案件,依法只能登記為服務業、事務所、一般零售業……等。

如果本來就有辦公室需求的朋友,即可登記成辦公室,但是想要自住的朋友也可以申請變更為住宅使用,這樣稅率、水電費就會比照一般住宅了,但是畢竟還是位處工業區,隔壁若是興建水泥廠也是有可能的,需要謹慎評估。

何謂容積率

「容積率」是指地上層「建築物的總樓地板面積」與該「建築基地

面積」之百分比率，就不同地目的「容積率」規定來算出「一坪土地」能蓋出多少坪的房子。

　　舉例來說，一塊土地單層的「樓地板面積」是五十坪，總共蓋了十層樓高，請問本物件的「容積率」是多少？

50 坪 × 10 樓 = 500 坪的總樓地板面積

「容積率」是百分之 500

何謂建蔽率

　　1「建蔽率」是指一塊建築基地內，「建築面積」與「基地面積」的比率。

　　2 各個「土地使用分區」所規範的「容積率」與「建蔽率」都不同就台北市而言，大致的法令如下：

地目	建蔽率	容積率
住一用地	30%	60%
住二用地	35%	120%
住三用地	45%	225%
住四用地	50%	300%
商一用地	55%	360%
商二用地	65%	630%
商三用地	65%	560%
商四用地	75%	800%

建蔽率：【建築面積】占【基地面積】之比率

容積率：基地內建築物【總樓地板面積】與【基地面積】之比率

圖 1 – 與建蔽率説明

何謂土地持份

　　同一棟建築物，通常都不只一個屋主，「土地持份」就是依照每戶持有的坪數大小來做土地分配，分配到的土地面積就叫做「土地持份」，未來在進行都更時，也是依照「土地持份」來作為依據的。

5-05

步驟驗證，確保買的不是「漏水屋」

· 看屋時，發現可能有漏水異狀，一定要拍照片或影片存證。
· 看屋必做 12 招，杜絕買到「漏仔厝」。

　　買屋糾紛中，最常見的就是「漏水問題」了，有個朋友住在頂樓，家裡老漏水，有次去他家作客，外頭突然下起雨來，沒過多久……我的媽啊，外面在下雨，他家也在下雨，顧不得正在和我開心的下午茶，也要立即殺去廚房拿水桶出來接雨，買到這種房子，可說是噩夢連連，人說天降甘霖，遇水則發，我想任何吉利的說法，都無法消除「漏水屋主」的怨恨！

　　當然，漏水的原因很多，涵蓋了外牆滲水、窗台裂縫、管線老舊、樓上漏水、馬桶漏水、冷氣管線等等。有些仲介業者標榜有「防漏水」保證，但是依據「民法」規定，交屋後，發現漏水瑕疵就應該立即通知前屋主，並在通知日起半年內，買方可以行使「物之瑕疵擔保」請求權，還可以主張「減少價金」、「解除契約」、「請求原屋主修復」等三大請求。

在買屋前就要做好周全的驗證步驟，買也買的放心，如果真的很倒楣還是買到了「漏水屋」，也需要在半年內積極的觀察，以免過了半年的「保固期」，就無法行使「物之瑕疵擔保」請求權，要求前屋主修復了，建議大家在買屋前一定要留下超完整的紀錄，像是「影片」和「照片」都是很好的舉證方式，把有疑慮的地方全都照相起來，以備日後不時之需。

睜大眼睛來抓漏

1 打開全部的櫃體，觀察木作櫃裡是否有「水痕」。

2 浴室天花板如果有防水板，用手敲敲看，空心的就表示隔層內尚有空間，可能是管線，也可能是為了掩蓋「漏水痕跡」，最好推開來檢視一番。

3 每個水龍頭都要開啟長達 10 ～ 15 分鐘以上，察看水管是否有「漏水現象」。

4 攜帶紅藥水點在馬桶水箱內，進行以下驗證步驟：
STEP1：先不做沖水動作，察看馬桶內是否有紅色水漬，如果有，代表「馬桶水箱」漏水。
STEP2：拼命沖水，察看地面是否有紅色水漬，如果有，代表「馬桶與地板接縫處」漏水。

5 檢查冷氣管線，全部的冷氣都要開啟 2 小時以上，仔細察看有沒有「漏水」現象，假使有的話，在買屋前，就請屋主找「冷氣師傅」看過，避免日後還要打掉裝潢來修繕管線，造成自己的困擾。

6 等待樓下鄰居返家，問清楚這戶人家有沒有漏水到他家過，避免交屋後，樓下住戶成天請你來「抓漏」，到時不但煩都煩死了，還要支出一筆修繕開銷。

7 趁下雨天趕緊跑去看屋，並且多留意窗邊有沒有「滲水」，牆壁有沒有「冒汗」。

8 把屋內所有的水龍頭全部關緊，前往水錶處，觀察水錶有無浮動，若有浮動則有漏水疑慮。

Tips

如果發現天花板漏水，可以根據《公寓大廈管理條例》第六條第二款：「他住戶因維護、修繕專有部分、約定專用部分或設置管線，必須進入或使用其專有部分或約定專用部分時，不得拒絕。」

和樓上住戶協調入屋，找出漏水原因後，可以根據《公寓大廈管理條例》第十條：「專有部分、約定專用部分之修繕、管理、維護，由各該區分所有權人或約，定專用部分之使用人為之，並負擔其費用。共用部分、約定共用部分之修繕、管理、維護，由管理負責人或管理委員會為之。其費用由公共基金支付或由區分所有權人按其共有之應有部分比例分擔之。」

9 避免買頂樓的房子，頂樓通常比較容易滲水，如果樓頂還有空中花園、游泳池這類的公設，漏水機率會更高。

10 聞聞看屋內是否有霉味、潮濕味。

11 有「壁癌」肯定有漏水或潮濕現象。

12 觀察油漆或壁紙，某些牆面油漆塗的比較厚，就有掩蓋水痕的嫌疑，用手觸摸一下壁紙，如果手感潮潮的，甚至發霉，仔細判斷是「空氣潮濕」還是「漏水」。

5-06

多觀察窗外環境，嫌惡設施藏不住

- · 面對學校，雖有綠地和運動環境，但若怕吵要三思。
- · 除了看屋內狀況，周邊環境有抽風機、基地台、高壓電塔也須留意。

屋頂裝抽風機，多半是做吃的

有些「低樓層」物件，記得要打開窗戶來看看喔，如果有看到「屋頂抽風機」，多半都是作生意的店家裝置的，通常又是以做「吃」的為主，馬達噪音、熱氣、油煙、食物氣味等等，都會影響住家品質，想想看如果成天聽到轟轟的「馬達聲響」或是聞到「食物的香味」豈不是生活的很痛苦！

細看窗邊外牆，有無斑剝水痕

記得打開窗戶仔細的觀察外牆，有沒有「滲水的痕跡」或「斑駁的現象」，有些二丁掛的老舊外牆，甚至會磚片掉落弄傷路人。

窗外面操場，鐘聲訓話聽不完

你覺得這個 VIEW 很棒嗎？

仲介說：永久棟距、面 101、「操場」休閒好去處、居家隱私性高。

事實是：每小時的上下課鐘聲、朝會時的校長訓話、體育課的吵鬧聲⋯⋯等等，簡直會把你逼到搬家，是說都畢業了，還要每天聽校長訓話是怎樣！

高樓層留意基地台、高壓電塔

高樓層的物件，要多留意窗外是否會看到鄰棟屋頂的「基地台」或建物旁的「高壓電塔」。

運用裝潢手法，讓人忽略窗外的「夜總會」

在風水上與墳墓相望的房子，總是讓人感覺毛毛的，曾經我看過一間挑高 4 米 2 的房子，運用「超高置物櫃」來遮掩窗外的「墳墓區」，由於窗台的高度已經超越人的視野，很容易就此忽略，建議大家不只窗外要看清楚，也可以爬到頂樓，遠觀建物的四面八方，才是萬無一失的作法。

窗戶和山坡的距離過近，安全性備受質疑

在山坡地住宅的選擇上，「逆向坡」優於「順向坡」（詳見 5-13），但是開啟窗戶後，如果有山坡距離貼的很近，就需要多加留意了，假使碰到大雨所造成的土石鬆動，將會有居住安全上的疑慮。

5-07

看懂公設比，高低有學問

· 中庭花園非公設，而是法定空地
· 小坪數用公設灌水，銀行不見得認定

　　公設比包含了「大公」和「小公」這兩個區塊，「大公」是指全體住戶都會用到的公共區塊，例如地下室、消防設備、機房、大廳、蓄水池、走道等等，「小公」則是指同樓住戶共同分攤的公設，例如樓梯間、電梯等。但是，也有例外的，像是露天的「中庭花園」，別以為他是公設的其中之一，「中庭花園」是屬於「法定空地」並不屬於公設，因為建設公司在蓋房子的時候，就必須依造政府所規定的「建蔽率」（詳見 5-4）在基地裡內縮，保留一定比例的「法定空地」。

　　有些房子標榜「豐富多元的公設環境」，例如游泳池、健身房、閱覽室、遊樂室…等，還是要考量未來你會使用的頻率，免得花了大把鈔票，卻買了一堆用不到的公設，也要多多觀察管理效能，如果管理不佳，既耗損修繕費用，又降低了房屋價值。

坪數灌到 15 坪，讓「買家」好貸款

　　有些小坪數建案，建商會將「總坪數」灌到 15 坪以上，讓「買家」比較好辦理貸款，但是這樣的物件，公設虛坪多，而且，銀行對套房的規範不盡相同，通常有認定「權狀」15 坪以下的，也有認定「室內坪數」（扣除公設後）12 坪以下的，因此，就算權狀 15 坪以上，遇到以「室內坪數」做為審核條件的銀行也起不了作用。

為何新房子的公設比較高

　　2005 年七月後，建築法規定「八樓」以上的新大樓，為呼應消防安全，並且避免煙囪效應，必須要設計雙逃生梯，此後的「公設比」普遍都超過 30%，所以選擇 2005 年七月以前蓋的「中古屋」是不錯的選擇喔，但是還是要留意逃生動線的流暢，以免多了室內空間，卻增加了住家危險。

5-08

公設環境走一遭，住戶水準全都露

· 陽台晾衣數、夜晚點燈率，可判斷自住比例。
· 多和管理員攀談，查看住戶公告與訪客簿。

居家住戶少，小心管理費多繳

　　管理費必須要在合理範圍內，如果戶數過少，通常需要負擔高額管理費，加上「儲備管理金」不足，當大樓遇到需要修繕的時後，可能就會遭遇苦無「公共基金」的窘境。

　　如何從公設環境裡判斷出「管理效能」和「住戶水準」呢？依循下列的公設查驗表，好好的檢查一番：

公設查驗表	
管理員	詢問管理員有關住戶狀況，居家環境
管理櫃檯	查看「訪客簿」和「住戶公告」
大廳	查驗「整潔度」，有無雜物堆積
社區公設	觀察「公設毀損」情況
信箱	若有「信件過滿」的狀況，可判斷「空屋數」
點燈率	可判斷「自住比例」
陽台晾衣	依照晾衣戶數，可判斷「自住比例」
梯間	查看有無鞋櫃堆放，逃生梯有無雜物堆放
水電瓦斯表	觀察水電表使用情形
建物外牆	觀察毀損情況
停車場	觀察停車狀況和車子品牌
電梯	電梯效能測試，若有貼公告文，可順便觀察管理品質
垃圾收集處	查看「整潔度」
頂樓	查看有無「基地台」或「違章建築」

5-09

買頂樓該注意些甚麼

· 設在頂樓的娛樂公設，是否會影響居住安寧。
· 日曬、漏水、基地台，買頂樓一定要留意的三大要素。

　　頂樓因長年日曬且毫無「遮蔽物」，室內溫度會很高，冷氣電費也相對高漲。在屋頂規劃「游泳池」、「空中花園」等公設的大樓，需要多多查看，游泳池的防水如果沒有做好或「空中花園的植物」往建築結構內生根，都會造成「頂樓住家」漏水，「植物的力量」是不容小覷的，這就是為何「古老的三合院」，不會將榕樹種在建物旁的原因了，植物生長時攀牆鑿壁，撕裂的「水泥隙縫」就很可能成為未來漏水的元凶。

　　在屋頂規劃有健身房、遊戲室，甚至 KTV 等娛樂公設的大樓，也會直接影響到「頂樓住戶」的居家安寧。

　　此外，也要查看屋頂有沒有設置「基地台」，一併觀察周邊的大樓屋頂，因為「基地台」是嫌惡設施，直接會影響未來的脫手性，也可以調閱「不動產說明書」（詳見 7-2）看清楚房子附近還有哪些嫌惡設施。

可以只買建物，不買車位嗎

· 異常低價的物件，有可能包含與建物所有權狀合併的車位。

· 獨立產權的車位，才能單買建物。

車位的類型有：平面車位、坡道平面車位、坡道機械車位、升降平面車位、升降機械車位、機械循環式車位。

車位產權分「獨立產權」和「合併產權」兩種，銀行貸款的方式也不同。此外地段、類型都會影響車位的鑑價，建議先請銀行鑑價，有些仲介開 180 萬，有些開 150 萬，或許銀行只認定 120 萬，車位的公設比高，動輒 10 坪以上，和建物坪數加總後，屋主把車位的價格開高，自然讓買家覺得建物的「單坪」價格變低，這點要特別注意。

車位產權與貸款

1 獨立產權

即為有「獨立產權」可單獨進行「車位買賣」的車位。銀行通常不會承作「單獨車位」的貸款，除非你在這個社區有房子，就可以連同建物的房貸一併轉貸過去，唯有這樣的情況，銀行才會貸款給你。

2 合併產權

　　即為和「建物所有權狀」合併在一起的車位，不得單獨拆賣，常常我們在網路上搜尋屋況的時候，會看到異常低價的物件，點進去看才知道是有包含車位的坪數。

可以不買車位嗎？

　　看到喜歡的物件，卻不想買「車位」，可先詢問車位是屬「獨立產權」或「合併產權」，如果是「獨立產權」，才有機會讓屋主單賣建物，但是屋主同意的機率不大，剩下沒賣掉的車位，他也只能賣給同社區的人，或者是能用「現金」購買的人，那簡直比登天還難，除非他急著用錢，否則屋主通常都不會願意。有時後仲介為了促成交易，會找同社區裡有意願購買車位的住戶來買，到時你就可以「單買建物」，不過執行困難，成功撮合的機率實在很低。

買「車位」該注意些什麼

1 確認尺寸

　　如果是「機械車位」，要了解高度、寬度，才知道能停進什麼樣的車款，否則，有些開「休旅車」的房客不就無法使用了嗎。

2 確認環境

　　「平面車位」須要現場勘查，有沒有柱子阻礙了「停車動線」，造成停車不易，入口動線的順暢度以及車道寬度 .... 等等，都會影響車

位的價值和出租率，距離「電梯」的遠近，也會因有「便利性」的差
異。

3 打聽故障率

　機械車位容易故障，可多和管理員打聽，如果故障率很高，恐怕日
後也租不出去。

4 車位管理費

　車位通常有單獨的「管理費」要繳，購買前要先打聽清楚「管理費」
要付多少錢。

5 是否有漏水或機房設置

　地下室是容易漏水的地方，確認牆面和多方觀察，此外灑水系統也
很重要喔，地下室常會設有機房，機房的地形勘查，也是必要的。

Tips

　「停車場」常是我看屋的重點，觀察住戶的汽車品牌，查驗有沒有雜物堆放，都
可以了解住戶的「財力素質」和「管理效能」！

5-11

何謂分管協議、露台專屬使用

分管協議

就是全體住戶對於公共設施的使用收益，共同協議劃定範圍，將某特定部分交付住戶中的其中一人、或一些人來使用。

Tips

> 「分管協議」最常出現在一樓。曾經看過一間一樓的房子，網路照片並不起眼，實地勘屋，發現有「分管協議」，因此使用空間比較多。

露台專屬使用

在規劃建物時，就只有你家進得去這個「露台」，因此給你專屬使用，但並不列入所有權狀，稱之為「露台專屬使用權」。

Tips

> 因為「物件稀有」，畢竟整棟樓能有幾戶擁有「露台專屬使用權」，不過相對開價也較高。

5-12

看屋筆記不可少，功課做足才是好

· 看屋筆記是了解房市脈絡的的必備法寶。
· 看到心儀的房子，有住址，就找得到屋主。

保留「看屋單」，製作你的看屋筆記

近七年來，每看完一戶就將「資料單」放進「資料夾」內，並做「筆記」，方便將物件「交錯比較」，每放滿一本就代表看完了「兩百間」房，這本「資料夾」裡，甚至可以查出同戶在幾年前的「開價」，連「格局變化」都能掌握，透過這樣的方式，可以詳細記載，也可深入了解房市脈絡。

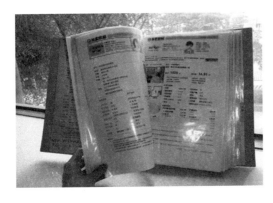

我的看屋筆記本

觀察「網路案件」

　　想研究特定建案，可以在網路上搜尋到「出售物件」，將「網址」留下來，並且標示看到的日期、坪數、樓層、面向，當廣告下架時，也同步關心「實價登錄」或是「各大仲介網」的成交價，如此一來，就能自行觀察「去化天數」以及「開價」和「成交價」的落差，如果你不在意被仲介打擾的話，也可直接詢問「仲介」，有時後，未必是真的賣掉喔，也有可能是屋主不想賣了。

有「物件住址」就找的到屋主

　　常在信箱看到仲介寫的信，有次更離譜，家門口夾了封信，信封上寫 2:30 ～ 3:00，這表示他等待半小時的意思嗎？這讓我有些害怕，不是在家門外的信箱而已，已經到了樓上「家門口」來等了。

　　信上的開場白是 XX 小姐，您好，已來拜訪多天，都沒能碰到您，有個客人對您的房子很感興趣，接著述說了買方背景，結尾千篇一律都是「請幫買方圓一個夢」。從沒說過要賣房子的我，真是無言以對，原來只要在租屋市場裡，仲介知道門牌，透過調閱「謄本」，就找的到屋主居住的地方。（謄本解析詳見 7-1）

不可忽視的看屋細節

· 山坡住宅雖價廉，了解地質環境避免天災意外。
· 看屋必檢查的 7 大狀況。

何謂「地下陽光屋」

所謂「地下陽光屋」即為地下室卻運用天井引進陽光的物件，在高房價的影響下，陽光屋確實價格低廉，但是卻貸款不易，通常放款成數不及五成，在豪雨季節也會有淹水的可能，更礙於風水不佳、潮濕、空氣不流通等因素造成轉手性不佳。

留意「山坡地」住宅

地球暖化，造就了極端氣候，每次到了豪雨颱風季，山坡地的住宅安全就備受挑戰，山坡地的住宅通常會便宜 2 成以上，但是有些山坡地卻容易有土石流的危機，也將影響銀行的放款額度，1997 年「汐止」發生「林肯大郡」坍塌事件，普遍民眾開始警覺「山坡地住宅」

的隱憂，不只須勘查土石情形、地質、坡度 .... 等，地基最好是礫石層或岩盤，選擇「逆向坡」才是首選，這些資料都可至「土木技師公會」、「中央地質調查所」查詢。

仔細檢查房屋狀況

1「插座」是否通電

很多投資客為了賣相佳，會利用裝潢來營造居住氛圍，這類美美的物件就要特別小心，避免屋主運用裝潢隱藏了房屋缺點，有時候甚至連插座都是電路不通的晃子，可以攜帶「充電器」或「電流檢測儀」幫助你驗證插座的電流。

2「空心牆」裡不能說的秘密

利用敲打得知牆壁是否為實心，如果是空心牆，就要判別是否有「包覆壁癌」或是「屋況隱匿」的疑慮了。

3 確認地坪水平線

有些物件地板居然是斜的，看屋時記得攜帶彈珠於地板滾動，驗證水平線。

4 裝潢格局用不到

裝潢屋的格局未必人人適用，請回歸單坪的真實價值，否則被轉嫁了裝潢費用，卻因為裝潢不適用而拆除重建，一來一回所費不貲阿。

5 水壓、排水順暢度

　　大樓的用水多半是靠「抽水馬達」送往各戶，有些物件卻因水壓不足而影響生活品質，看屋時需要留意「水壓」是否足夠，有些建商會在中間的樓層，加裝「中繼水箱」與「加壓馬達」，怕吵的朋友可詢問「加壓馬達」裝置的樓層，此外，下水孔的水流順暢度也很重要喔，可將洗手台的水放滿後，讓他一次流入排水孔內，觀察水流的順暢度。

6 隔音好壞影響居住舒適度

　　房屋的隔音效果會因為棟距、建材、環境噪音而有所不同，不只能聽到隔壁戶正在說話的聲音，有時後還可以清楚聽到樓上洗澡的水流聲，所以，看屋時別忘了靜靜的聆聽喔。

7 房屋座向和電費大大相關

　　大致分為「座南朝北」、「座北朝南」、「座東朝西」、「座西朝東」，其中以「座南朝北」、「座北朝南」最為冬暖夏涼，至於「座東朝西」則是上午較不因陽光直曬而過熱，但下午太陽西落後，屋內就因日曬而產生熱氣，也就是一般俗稱的「西曬效應」，冷氣電費支出會比較高。

8 觀察電梯品牌

　　乘坐電梯時，不但要觀察「住戶公告」，藉此推判管理效能，也須觀察電梯品牌是否為知名品牌，因為「電梯品牌」的好壞也可做為

「建商品質」的指標之一。

9 水管異味

可前往廚房、廁所、陽台等有下水孔的地方，察覺水管有無異味，看房就是要善用眼、耳、鼻，拿出「柯南辦案」的精神。

10 航道上、火車軌道旁的房子，恐有環境噪音

位於航道上或火車軌道旁的房子，通常都有環境噪音，距離機場近的房子，雖然可縮短出國時的通車時間，但是畢竟出國不是常態，毋須將其設為關鍵考量。

11 驗證不同時段的「交通」與「噪音」

上下班時間可前往觀察，交通是否壅塞，位於路口的物件常會在這些時段，聽到「喇叭聲」和「哨音」，此外，在學區旁的物件，也會因為上下學的家長人潮而導致交通打結。

12 檢查空氣是否流通

開啟所有的窗戶，感覺空氣是否流動，也順便聞聞空氣中是否有挾帶任何怪味。

13 停車場是否有治安漏洞

有些大樓的停車場有開放「臨時停車格」進行對外營業，再將「營業所得納入公共基金，這類物件需了解，停車的客人可否進入上層的住家，以免產生治安死角，危害居住安全。

14 了解「住戶規章」

有管理組織的物件，管委會將訂立自己的「住戶規章」，有些大樓甚至會明文規定「不准養寵物」，因此買屋時別忘了多了解「住戶規章」。

5-14

辦理「建物分割」，從此一戶變兩戶

· 碰到喜歡的物件，要多看多比較同棟的其他物件。

同棟樓的單層戶數通常是相同的，但有些物件卻分別有兩個獨立門戶和門牌，這又是甚麼原因呢？

由於，法令並無禁止分割及已經增編門牌號，且其分割處已有定著可為分隔之樓地板或牆壁之建物為限，在高房價影響下，大坪數的物件未必好賣，因此有些屋主會申請「建物分割」將大坪數物件轉換成兩個小坪數的建物，不失為一種變通的方式，就出租角度，「兩戶小坪數」的租金收入也可能高過「一戶大坪數」的租金效益，並能提供兩戶辦理學區設籍。

相較於「華廈隔套房」，基於法令限制「華廈隔套房」（詳見 4-1）常會引來鄰居抗議或爭議不斷，「建物分割」卻是合法的方式，當然有「建物分割」就有「建物合併」，若是買兩戶打通，想合併成一個門牌號碼，也是可以的。

買屋不忘「平面配置圖」

　　如果碰到屬意的物件，可以請仲介調閱建物的「平面配置圖」，就可以清楚看到每個門牌的坪數大小及房屋座向，不但可以幫助你了解建物結構，還可以知道建商最先前的坪數規劃，然而，不同的座向、坪數、樓層都會引響價值，當房子在進行租賃或是買賣時，整棟樓都是你要評估的競爭對手，建議一棟樓多看幾間，藉此判斷每間屋的優缺點。

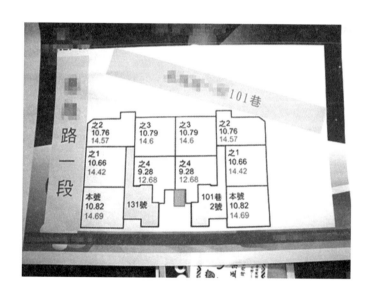

5-15

逛街多觀察，創造投資多元思考

· 逛街也看房子，激發你的投資腦

　　我很愛在巷弄間穿梭，查看房子外觀的同時也刺激一下自己的「投資觀點」，仔細觀察一些房子，也有可能會發現一些不錯的投資機會，我不是一個專業的投資客，我和你一樣只是個上班族，「觀察投資客」的行為，變成我強化市場邏輯的重要功課。

▶ 舞蹈教室

「住家」變身「舞蹈教室」

曾經我看到一間忠孝東路四段旁的「商辦」，大馬路的面向理所當然被拿來當「店面」，大樓的出入口是在側邊的小巷子裡，裡面有大廳和管理員，二樓卻是以「住家格局」出售，它是巷子裡的第一棟建物，路人只要行經忠孝東路，就看到它的窗台，能見度算不錯。

它的價錢以當時來說還算挺合理的，不久後就賣掉了，轉手後沒多久就租給了舞蹈教室（見左頁圖），舞蹈教室把住家型的窗戶全部以招牌燈箱包覆起來，顯眼度大幅提高，他以「住家」的格局買入，這樣的轉變實在值得學習，當然這個物件是「商辦」才能如此，像是「民生社區」的店面租金高漲，一樓的店面固然昂貴，很多「買家」就退而求其次買入「二樓」做為次級店面，照樣獲得好投報。

「幽暗地下室」變身「時尚服裝店」

還有一次，在東區巷弄間看到「地下室」的物件在賣，周邊雖然有很多服飾店在經營，但次因為這個物件是「地下室」，我也就沒多加思考了，過了許久，發現它的門面寬闊許多，原本狹窄門面旁的水泥

Tips

好地段的地下室，也常有超市會進駐，但銀行對於地下室的成數管制嚴格，需要準備比較多的頭款，需要考量自身財力。

牆都被打掉了,變成整片的「落地玻璃」,在一樓就能看到「寬廣的樓梯」可以往下走,「樓梯旁」還裝有美麗的水晶壁燈,並且掛了些服飾單品,壁紙與鍛鐵的搭配,營造出優雅的氛圍,讓人驚艷不已,成功把原本昏暗的地下室,變身時尚服裝店。

「大面廣告牆」增加屋主收益

有些建物外牆有覆蓋式的大面廣告,有些時候,這類的廣告收益是會分放給屋主的,如果沒有擋到自家的窗戶,我倒覺得這也算是一筆額外的收入。

一樓住家一分為二,既做店面,還可自住

下圖原本為一樓的住家,屋主將其一分為二,右邊黑色的門為住家入口,左邊白色的門為店面入口,巧妙的運用黑與白,突顯出店面的顯眼度。

Chapter 6

尋找適合自己投資的黃金小宅

6-o1　你一定要知道的選屋基本條件

6-o2　該妥協嗎？不可不知的購屋嫌惡法則

6-o3　看似條件差，卻是小資首選黃金屋

6-04　透過計劃有效率找到理想屋

6-o5　多花錢買景觀，租金提高幅度有限

6-01

你一定要知道的選屋基本條件

· 同樣是嫌惡設施，區域或所在樓層不同可能影響就不大。
· 一大房若隔成兩間房，有機會提高租金收入。
· 區域影響客源，客源影響選屋條件！

　　想選間小宅來做包租物件，針對小坪數的房子，看屋時又該注意些甚麼，才不會買到租不出去的爛房子，不但包租夢破滅，還得每個月背負貸款，就連生活品質也隨之下降了，唉，到底該怎麼做才能買到人生中的第一間夢幻包租宅呢……

　　除了房屋的基本條件、找尋方法、投資邏輯的分享，依循財力背景、物件多樣化的不同，又該如何精準的找出適合自己的完美物件呢？

　　遵照以下圖表，一次網羅能力範圍內的物件，客觀整理出清晰的市場脈絡。

1.**財力**：若房屋空置，是否有能力負擔
2.**目的**：收租、賺差價、自住
3.**地點**：在考量好地段的收租效益前，也須考量是否方便就近照顧，若無法就近照顧，解決方案為何，例如：找租賃公司代管

1.**財力**：給銀行你的財力資訊
2.**地點**：給銀行要購買的區域

1.**競爭者**：分析競爭者
2.**租　金**：了解租金行情
3.**客　群**：設定客群範圍、產品定位

出租

買賣

可承租的房子

可購買的房子

物件出租的競爭對手	
❖ 美成郡	❖ 一品都
❖ 鄉翎城品	❖ 春夏居
❖ 樂活 HOME	❖ 政玉國宅

物件賣出的競爭對手
❖ 春夏居
❖ 政玉國宅
❖ 鄉翎城品

財力評估

　　建議大家買房無論是自住、收租絕對都是投資行為，人人都希望伴隨著時間的洗禮，房屋能夠坐擁增值效益，對於動輒上百萬、上千萬的不動產，是否有能力承擔龐大的債務，絕對是首要評估的條件，尤其在史無前例的低利環境下，仍須考量未來升息機率，若以收租為目的，在房屋空置時，也要有自我承擔的能力，否則，隨之而來的債務壓力，在完全沒有避險空間的運作下，不但無法獲得更好的生活前景，還可能會認賠殺出，甚至降低自身的信用條件！

地段選擇

　　買房最重視的就是「地段」，尤其是小套房，為了避免空置期，好地段的捷運宅相對保值，不但提升房價，因擔保品的價值高，也隨之放寬銀行的放款標準，憑藉未來的稀有性，就是最好的增值保證。

Tips

　　好地段雖然租金效益高，也需要考量是否能就近管理的問題，若離住家太遠很難就近管理，也要先預想好解決方案，例如找「代管公司」或「親友」來協助管理。

交通動線

「交通便利」是出租率的保證，而「捷運」又優於「公車」，依現有捷運站，或沿著未來捷運線尋找，步行 10 分鐘內能抵達的物件，都是很好的選擇。

Tips

公車站在你家的正樓下，清晨就聽到每班公車行駛入站的聲音，若房屋在捷運軌道旁，則會降低隱私與安寧。

發展建設

近年來，台灣「都市發展」的腳步沒停過，即便在精華區的邊緣，重大建設的消息仍就層出不窮，舉凡 BOT 案、交通建設、土地利用、商圈百貨都可作為判斷「區域房價」、「租屋人口」的依據，多關心政策時事，才能提升市場的敏銳度。

商圈力量

有經濟活動的地方，才能推高房價，商圈的種類豐富，辦公商圈、百貨商圈、社區商圈、學校商圈、廠辦商圈……，造就的效益和客群也不同。

客群分析

做好「客群分析」，接著進行「產品定位」，都是選擇物件前必要的功課，上班族、學生、公司主管、商務人士，也造就不同的「裝潢設備」與「行銷策略」。

租金調查

對房東來說，能夠「以租養貸」是最理想的狀態，先上網搜尋，擴增概念，不僅要找出區域的同質商品，還得觀察物件的上架時間和點閱率做為依據，並且以「租客」的角度出發，透析競爭對手的商品特色，憑藉地點、交通、設備的等級，找出「價格」和「價值」的差異。

> **Tips**
>
> 在使用空間足夠的情況下，我會改成「兩房格局」，主臥、次臥包含衣櫥和睡眠區，就算兩人分租也不算擁擠，以達到「提升租金」的目的（詳見 9-7）。

屋齡條件

台灣身處地震帶，堅固的「建築結構」才能抵抗「強震威力」，此外，老屋問題多，需考量自身條件，適合有時間精力的經營者。

公設比

公設比過高，沒買到「室內空間」還連帶「高額管理費」，「新成

屋」貴到入不了手，公設比也偏高，最好選擇19年以內的「中古屋」，「屋況穩定」且「總價合宜」，2005年七月後，建築法規定「八樓」以上的新大樓，必須設計雙逃生梯，之後的「公設比」普遍都超過30%，因此選擇2005年前蓋的「中古屋」是不錯的選擇喔。

管理組織

有管理效率的大樓，有助於「租金」和「租客」的提升，並可協助「管理房客」，像是商務人士、外商……等，高標準客群，都很注重管理運作。此外，大樓管理好，房東「管理房客」也簡易許多，「監視系統」不但杜絕「房客」遭小偷光顧，也避免「房東」被「房客」偷光家電設備的慘況，「房客」更不敢拿「租屋」做不法用途，加上管理處有合作的水電公司，這些都是房東的好幫手。

Tips

租屋有附家具家電的情況下，有時「總價值」超越「押金」，新聞曾發生過房客將租屋一掃而空的狀況，這點要特別注意，若有管理處，會在第一時間就通知房東，確認正當性。

Tips

很多小坪數的建案，為了安全起見，整棟採用電熱水器、電爐，就算有瓦斯爐，我依然會改成電爐，避免發生意外，另外，電熱水器是規劃給「淋浴間」使用，若想改為「浴缸」泡澡，由於出水量變大，要改裝大公升的電熱水器才行。

通風採光

通風採光是居住基本元素，其中「通風」又比「採光」更重要。

熱水器設置

租屋最怕「熱水器」設置不當，造成天然瓦斯中毒，甚至鬧出人命，查看「熱水器」和「瓦斯管」設計是否得宜很重要。

陽台曬衣

套房受限於空間，很難擁有獨立曬衣間，若有陽台固然最好，就算沒有，也可思考改造的可能，例如：浴室有對外窗，在高處加裝曬衣桿，這些巧思或許可解決不足的「居住功能」。

冷氣室外機

觀察室外機位置，了解安裝難易度，若是大樓統一在外牆掛置鋼架，查看「鋼架尺寸」是否過小，以致冷氣機種選擇受限。

Tips

若是大樓統一在外設置鋼架，請安裝冷氣的師傅先勘驗現場，並丈量空間尺寸，不是每種機型都可安裝，取決於室外機的體積大小，避免購買冷氣後才發現不合用造成損失。

所屬學區

所屬學區會影響住戶類型，但也不是絕對，對租客來說，有孩子的家庭多半不會選擇套房承租，但未來脫手時，想買來「設籍」的買家就有接手的可能。

入住狀況

觀察「點燈率」查看入住狀況，並在門口了解出入住戶的水平。

戶數多寡

整棟、單層的戶數不宜過多，並上網查看同棟「待租物件」的比例，來判斷競爭程度。

良好建商

「買屋」可說是人生大事，資金動輒百萬、千萬，建商的信譽很重要，需要審慎以待。

淘汰論

不管是出租、出售、自住，訓練自己運用「淘汰論」，做物件將來的「接手的對象」與「競爭者的價值」的剖析，舉例如下：

舉例 1

　　近年來房市亂象多，以「單坪」來說，未開發完成的重劃區，價格卻和精華區相當，不但以未來的價格出售，「買家」也需承擔「發展成敗」的風險。

　　那麼到底在「市中心」買間 3000 萬的房子好，或在重劃區買間 3000 萬的房子好，先不論坪數、屋況，就財力來評估，有能力買三千萬房子的「買家」，以貸款七成、利率 2％多、20 年期來算，自備款 900 萬，房貸 2100 萬，月繳近 11 萬，有能力繳 11 萬房貸的「買家」為何要選非市中心的物件？！

　　「投資」就是要以「買家」的角度出發，「買家」可選擇哪些「標的」，這些「標的」就是未來脫手的競爭對象。

舉例 2

　　以租屋市場來說，一樣以「租客」的角度出發，若有兩萬元，在這個區域可租哪些同值產品，找出「類別差異」與「客戶需求」之間的關係。

該妥協嗎？不可不知的購屋嫌惡法則

· 妨礙逃生的格局、產權有糾紛的房子都不要碰。
· 學會判斷是永久公園綠地或是臨時公園

奇怪格局

　　格局奇怪、不方正的物件，除了影響「室內規劃」，甚至妨礙「逃生路線」。我曾經看過一間「圓柱型」建物，樓層走道都是彎曲的，完全遮蔽前方視線，逃生死角也多，萬一遇到火災，逃生不易。

有住戶紛爭、產權爭議

　　觀察有沒有抗議警語，我曾看過大廳出現警語「本棟不歡迎投資客，請勿做套房隔間！」，也有看過地下室因產權爭議，建商拿來出租獲利的住戶紛爭。

嫌惡設施

避免嫌惡設施如：高架橋、醫院、高壓電塔、教堂寺廟（同棟有宗教集會所）、工業區、棒球場、學校、垃圾場、殯儀館（禮儀公司）、特種行業、手機訊號中繼站、河流、菜市場、養老院。

輻射屋、海砂屋

「海砂屋」會引起水泥剝落、壁癌而影響安全，而「輻射屋」則是危害住戶健康，可以多方打聽，並且觀察梯間有沒有水泥剝落的現象，並可請檢測單位鑑定。

輻射屋可至「行政院原子能委員會」輸入地址查詢即可 http://gamma.aec.gov.tw/ray/house.asp

海砂屋可至「工研院」、「土木技師公會」，費用約四千到五千元，檢測時間一到二星期。

凶宅

多打聽社區狀況，或和里長、消防隊、鄰居、仲介詢問，避免買到凶宅。

網路上也有凶宅資訊網可供查找，「買方」若未被告知而買到凶宅，也可以依據《民法》瑕疵擔保，要求賣方減少價金或解除契約，若仲介隱匿凶宅交易資訊，仲介跟加盟店也要負連帶賠償責任。

鄰近空地弄清楚，避免採光大扣分

　　棟距寬、採光好，鄰近空地卻蓋起大樓，遮蔽採光，若是看到綠地、停車場（如圖 1），都需了解地目、用意，若遇到避重就輕的房仲業者，也不可輕易採信，需自行評估風險，此外，近年來政府以提升容積率作為獎勵，鼓勵興建綠地，留意周邊的公園是否為假公園（如下頁圖 2），通常會立有告示牌（如下頁圖 3），若不慎小心日後公園變高樓大廈，影響自有房屋的價值。

圖 1– 停車場

圖 2- 都會區出現這樣一片綠地，通常只是暫時的綠地

圖 3 - 立牌告知此綠地為短期美化基地

看似條件差，卻是小資首選黃金屋

· 衡量自身財力，不須買到樣樣好，地段對了最重要。

· 通風與採光若無法兼得，採光可犧牲但通風不可缺。

　　身為上班族的我，找尋「包租物件」，重視「地段」、「交通」，希望有「商圈」、「捷運」，畢竟「空置期」會造成我的生活壓力，能「以租養貸」當然最好，寧願「空間」、「屋況」打折扣，也不願「地段」打折扣，「地段」對了，不但風險降低也相對保值，畢竟條件樣樣好的物件，價值不斐，並非我能力所及。

　　基於風險控管，不選擇「房價過高」的大樓，「美麗裝潢屋」我也不愛，秉持這樣的原則，比較有機會尋覓到適合我的黃金屋。

格局不佳，卻有改造條件

　　訓練自己看到房屋的真價值，狹窄的客廳，改面牆就寬廣了（詳見9-5）；大一房的格局，有改造成兩房的條件嗎（詳見9-7），採光

不良可以改善嗎，當你認定條件差就放棄了，你也損失了投資機會，因為賣相不好的物件，通常談價也相對容易。

發現別人沒看到的價值，才有議價空間，我不看「裝潢」、不看「格局」，回歸到房屋真實的條件，才是「撿好貨」的真諦。

採光不佳，但通風良好

位處精華區，採光不佳的物件不在少數，若是通風條件良好，整理後出租也是蠻好的選擇，畢竟採光不佳也是議價的籌碼，而優質商圈，因供需問題，不會因採光不足而空置，若是採光、通風都不佳，就不考慮了，畢竟「空氣」是居住的基本條件。

精華地段，俯視橋面好談價

高架橋正旁邊的物件，噪音汙染嚴重，這種物件我也敬而遠之，但若「樓層高過高架橋」、「馬路面寬夠」就會考慮了，噪音程度相對低很多，也可裝「氣密窗」杜絕聲音和灰塵。

「嫌惡設施」只是程度上的不同，即便是「忠孝東路」的物件，噪音也不惶多讓，位處精華地段，要完全杜絕幾乎不可能，即便有，我可能也買不起，例如：「復興北路」沿線都是「文湖線」的捷運噪音、「市民大道」車聲吵雜、「行天宮」旁的「殯儀館」等等，多年來，難道這些地方的房價有「凍漲」嗎？到頭來看的還是「地段」！

低樓層，未必不佳

　　高樓層和低樓層往往有價差，但「租金行情」卻差不了多少，在通風良好，管理佳且安全無虞的條件下，有些低樓層還會有樹海（如圖1、2）或是露台專屬使用的優點喔。

圖 1 - 樹景

圖 2 - 樹景

6-04

透過計劃有效率找到理想屋

· 製作你的購屋需求表，廣發爭取機會。
· 平時可在中意的區域多逛逛，説不定會意外發現待售好屋。

廣發英雄帖

「買方需求表」等同你的名片，一目了然且印象深刻，搶手的物件常在未曝光前就成交了，培養人脈等同創造機會，想找到好房子，千萬不要排斥和仲介朋友打交道，並且善用網路資源，勤走勤看，安排路線釋放消息，廣發英雄帖，號召仲介朋友幫忙找出理想屋，若已鎖定的某棟大樓，可和管理員商量，若有物件釋出請通知你，日後成交以紅包酬謝。

網路走透透

運用網路找屋訊，除了各大房仲網，還有 591、吉家網、樂屋網、智邦不動產、奇集集等等。

製作你的買屋需求表

看房屋時，你要製作一張「買方需求表」，內容須包含以下項目：

買方需求表 Sample	
姓名	里歐娜 小姐
聯絡電話	0988-000-XXX
E-MAIL	leonaxxx@xxxxxx.com
開價	1000 萬
區域設定	大安區、信義區、松山區
捷運站	板南線（後山埤 善導寺）、松山線、信義線（全線捷運站）
屋齡	15 年以內
坪數	權狀 15 坪以上
房間數	1 大房或有改為 2 房的可能
類型	平面、挑高三米六、挑高四米二、挑高四米五
空間條件	要有隔間、空間彈性夠，小家庭能入住，不可是只放床和沙發的傳統套房
租金行情	兩萬以上
管理組織	有
公設比	不可超過 30%
一層戶數	8 戶以內
連絡方式	晚間 6 點以後可電話聯絡，亦可傳簡訊或使用 e-mail

巷弄穿梭，好收獲

閒暇時去喜愛的區域內，走走看看，與路邊設立牌廣告的仲介攀談，穿梭於巷弄間，評審大環境和小環境的優劣，不但可挖掘尚未察覺的物件，洽巧看到貼有售出字樣的房屋，也都是不錯的收穫。

6-05

多花錢買景觀，租金提高幅度有限

· 不要被景觀沖昏頭！還是要考量成本與租金比。

多花幾百萬買景觀，租金卻只能多收兩千！所謂「景觀宅」確實有其稀有性，但未必適合做「包租屋」，對住家產品來說，租金是有上限的，同棟 15 坪的物件，並不因「景觀」而產生大幅度的租金變化，一般承租方都是很精打細算的，常以別戶的租金價格作為議價的籌碼，建議選擇中等條件，房客住的安穩即可。

曾經，我在信義區看到一間 15 坪的挑高房，此物件為邊間，因此有雙面採光的優勢，對於小坪數來說「雙面採光」已是不可多得，窗外還有「美麗夜景」淨收眼底，「信義計畫區」裡建物外觀的光束上下來回的「動態閃爍」與豐富多元的「色彩變化」在窗框中燦爛綻放著，不但吸引了我的目光，也完完全全擄掠了我的心。

雖然我心中雀躍，卻依然不顯於色的請仲介調閱謄本，看到謄本我的心卻涼了一半，屋主才持有兩年，詢問仲介後，得知在兩年中並無出租與自住，很標準的投資客，另外，還須加買一個「機械車位」，

對於市府站如此便利的地點，車位的出租率鐵定不佳，況且車位還是「機械式」，光車位就增加了 120 萬以上的成本，更別說稀有的高樓夜景，造就高開價的結果。加上兩年內並無出租記錄，表示屋主財力無虞，我研判沒有一定的獲利空間他是不會輕易售出的。

但夜景實在太誘人，回家後我依然輾轉難眠，真的蠻痛苦的，半夜趁著我先生在旁熟睡，我起床拿著筆在客廳盤算著，精算著若買下它，我的租金收益會是多少，這樣的小宅又有多少人願意多花 200 萬來購買景觀，帳算完了，我也醒了，數字把我拉回了現實，我是個務實的買家，說的直接點，我是個沒有多餘金錢去做夢的買家，擁有一間美麗的房子固然快樂，但我的目的是出租，居住的不是我，享受夜景的也不是我，我卻要承擔更多的房貸壓力，而租金卻不能給我更優渥的回饋，與低樓層的物件相比，租金水位幾乎不相伯仲，至於脫手性，景觀宅固然有其稀有性，可是買小宅的人，絕大多數資金有限，若是資金充裕，又何必要買小宅，因此接手這樣的景觀小宅，客層未必夠廣泛。

因此，我選擇放棄。一間好房我相信絕大多數的人都看得出來，但卻未必人人負擔得起，無論是被「美麗的裝潢」或「房屋的本質」吸引，依舊要拉回「理性」的層面，居住是「感性」的，那是對家的渴望，運用想像力去醞釀的溫暖氛圍。但投資是「理性」的，運算出自身條件與目的，才能鍛鍊出「準確的判斷力」和「拔萃的眼光」，在理性與感性之間取得平衡，才能在房市中獵尋到屬於你的理想屋。

Chapter 7

學會議價策略成功買房

7-o1　從謄本資料看出屋況端倪

7-o2　「不動產說明書」，不動產的健康報告

7-o3　找尋「成交價」有助談價

7-o4　了解要約書、斡旋金的不同

7-o5　議價技巧 14 招大解密

7-o6　避免「貸款不足」，造成違約賠償

7-o7　了解簽約到交屋的流程

從謄本資料看出屋況端倪

· 詳閱謄本，特別注意頁數是否完整

　　總算如願找到想出手的房子了，該看哪些文件才能知道房子的細部狀況，到底要選用「斡旋金」還是「要約書」來出價呢，好不容易要和屋主見面了，又會遇到甚麼樣的狀況劇，步步為營的走到今天，誰都不想在議價時慘遭滑鐵盧，為了談判旗開得勝，讓我們先看完教戰手冊，再坐上談判桌，展開買賣雙方的終極交戰！

調閱謄本

　　謄本分為第一類謄本、第二類謄本，差別在於「第一類謄本」有屋主的身分證字號，「第二類謄本」則會將身分證字號、出生日期等資料隱匿起來，因此「第二類謄本」是人人都可調閱，通常可以請仲介代為調閱即可，如果想要自行調閱，帶著你的自然人憑證上網至內政部的「全國地政電子謄本系統」(http://land.hinet.net) 網路申請，再到超商即可下載列印喔，配合的超商有：全家、萊爾富、統一超商、OK。

注意列印時間及頁次

一定要留意謄本的「列印時間」，由於地籍資料時常變動，如果拿到的不是最新的謄本，恐怕早已不符合現況。此外，還要留意謄本右上角的頁次，最後一頁會有「本謄本列印完畢」的字樣，避免謄本不完整，有漏缺的資訊未閱讀到。

看懂謄本內容的玄機

由於，權狀能看到的資料有限，也未必是符合現況的，而且，你確

建物謄本圖說 （對照圖一）	
1. 主要用途	通常分為一般事務所、工業用、商業用、辦公室、住家、此物件為住宅用途。
2. 登記日期	前屋主購買的時間，若買入時間短，可能為投資客。
3. 原因發生日期	「簽約日期」，有別於第二項「登記日期」是指過戶完成登記之日期。
4. 登記原因	購買用意，通常分為買賣、第一次登記、贈與、繼承、拍賣等。
5. 所有權人姓名、地址	所有權人「姓名」、「住址」（詳見 5-12）。
6. 權利人	房屋的抵押對象，通常是「銀行」，若有多位權利人，則表示該物件有設定一胎、二胎以上的權利人。
7. 權利價值	通常銀行設定的權利價值，會比實際貸款金額多 20%，因此將其除以 1.2，大約就是屋主貸款金額，可藉此反推屋主的成本價。例如：該物件是 551 萬，除以 1.2 等於 459 萬，就是屋主借款金額，若以貸款 8 成來算，將 459 除以 0.8 等於 573 萬（即屋主買入的價格），但因無法確知屋主的貸款成數，資訊僅供參考。
8. 設定權利範圍	所有權人持有的部分，標示為「全部」，即「屋主」持有全部範圍。

定你看到的所有權狀是真的嗎，因此一定要記得調閱謄本，而謄本分為「建物謄本」、「土地謄本」兩個部分，內容又分為「標示部」、「所有權部」、「他項權利部」，藉由藤本可讓買方清楚的了解是否有抵押貸款、被查封、破產登記、假扣押等資料，如果想知道房子的格局是否變更過，還可查詢「建物改良物平面圖謄本」。

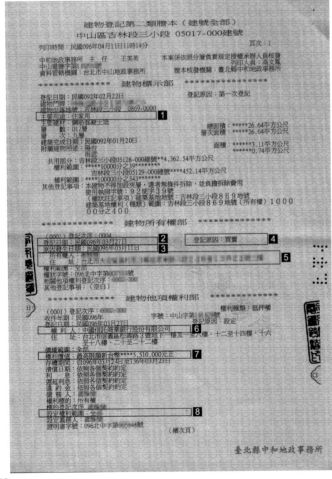

圖 1 – 建物謄本

土地謄本圖說（對照二）	
1. 使用分區	通常都為「空白」，須上網到「土地使用分區線上核發系統」，自行輸入「地段」和「地號」，詳讀土地容積率和建蔽率，做為未來都更參考。

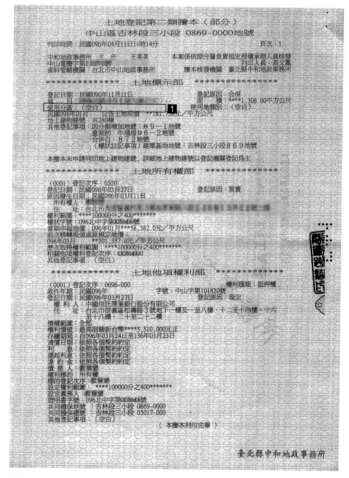

圖 2 – 土地謄本

7-o2

「不動產說明書」，不動產的健康報告

「不動產說明書」就像是不動產的「健康報告」，標示產權資料及現場看不到的項目都詳盡記載，是「買屋前」必看的文件之一。

1. **主要內容**：產權調查表、售（租）屋資料表、標的物現況說明書、位置圖等。

2. **附件內容**：土地建物權狀影本、土地建物謄本、地籍圖、建物平面圖、建築改良物使用執照、都市使用分區證明、車位平面圖、成交行情等。

此外，有品牌的仲介業者還會提供是否為「凶宅」、周圍是否有「基地台」等諸多項目，並載明三百公尺內是否有墳墓、變電所、電塔、機場，一百公尺內是否有「基地台」、「加油站」、「葬儀社」，「土地是否為禁建」、「斷層等項目」，也包含建物瑕疵部分，例如是否有漏水、地震後牆面是否有龜裂、增建等細節狀況。

Tips

在下「斡旋金」之前一定要仔細閱讀，並且可以在「製作日期」上看出此物件賣了多久，若是賣了很久都尚未成交，可能「屋況不佳」或「賣方對價錢很堅持」。

找尋「成交價」有助談價

· 利用實價登錄網站找想買物件的出價參考值
· 先請銀行鑑價，推估可能價格帶

利用各大房仲網

多利用「房仲網」查詢成交價，競爭激烈的市場中，「查價功能」也越來越簡便，有些「房仲網」甚至會在物件下方，把該棟的「成交價」列出，對於「買家」而言，可說是一大福音。

內政部「實價登錄」

政府自 101 年 8 月 1 日起施行實價登錄，相關不動產買賣、預售屋及租賃價格都可開放查詢。

1 查詢網址：http://lvr.land.moi.gov.tw

2 價格更新週期：自 102 年 7 月 1 日起實施，以每兩週發佈一次，每月 1 日、16 日這兩天都會將最新登錄的實價資料刊登上網，提供民眾免費查詢。

3 非全部的成交價：政府以去識別化、去區段化的方式來揭露價格，將會排除過高或過低的價格，同區段的前 3% 與後 3% 的也將被刪除。

4 「特定物件」找查方式：

STEP1: 預先取得區域、地址、屋齡、總樓層

STEP2: 上實價登錄網站，選擇不動產買賣

STEP3: 輸入驗證碼

STEP4: 輸入縣市區域、交易期間、道路名稱、屋齡

STEP5: 點選交易明細後，做屋況比對齡

STEP1– 預先取得區域、地址、屋齡、總樓層

藉由網路、房仲、或自己前往物件處觀察，事先搜尋到房屋的相關資料，若是不確定門牌號碼，也可藉由 google map 來查看街景樣貌，進而判斷門牌號的區間數值。

STEP2– 請點選左邊「不動產買賣」

STEP3 – 請輸入「驗證碼」

**STEP4– 請輸入「必填項目」，選取其中一筆資料，再點選下方的
「交易明細」**

STEP5 – 點選交易明細後，做屋況比對

　　點選下方「交易明細」按鈕，即出現「圖二」的資訊，包含土地資
料、建物資料、所屬樓層…等，如果資料不確實，就放寬查找條件，
實價登錄是用「範圍」來做搜尋，可用屋齡、總樓層、土地區段位置、
使用分區來判斷是否就是該棟大樓。

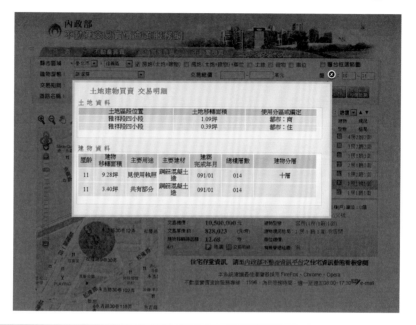

Tips

房屋面向、裝潢、樓層……都影響價值,如果同棟有多戶的屋主為同一人,製造假交易,可能就會流於操作的工具,勤看屋提升「敏銳度」和「市場認知」還是很重要的。

鄰居、管理員包打聽

　　想深入了解房價,多探聽對「行情認知」是很有幫助的,假使和房仲約好 7 點見面,我通常都會早到個 15 分鐘,和管理員攀談一下該棟的「租金行情」和「成交價」,開場白也許是這樣:「大哥,不好意思打擾你一下,我們夫妻倆很喜歡附近的環境,又感覺你們這邊的管理很好,請問您知道這邊有房子要租或是要賣嗎,租金和成交價大

約是多少阿，因為我們夫妻倆對這方面實在很不了解，可以請你幫幫我們嗎？」

　　這個方法雖然會因人而異，有些管理員會好似他鄉遇故知一樣，有些則會愛搭不理，也可轉向鄰居打聽，早餐店或同棟住戶，打探一下該棟有沒有糾紛或是出過事，無形中也增加了買屋的保障。

假裝買家和賣家，交錯比對

　　雖然已經有「實價登錄」了，卻因為採去識別化、去區段化的方式來揭露價格，同區段的前 3% 與後 3% 的將被刪除，因此對買家來説，無法得知該棟最高成交價，也就保留了仲介操作的空間，一般仲介會對賣方報低，買方報高的方式來擴增客源，可以多方交錯比對仲介的資料，增加行情認知。

找銀行做初步鑑價

　　找到理想的物件，卻不了解銀行的「認定價值」，建議提供「房屋住址」給銀行，表明「買房意願」及「房貸需求」，銀行就會提供「免費鑑價」的服務了。

　　初步鑑價並不是最終的「認定價值」，要辦理房貸時，銀行的「估價師」會前往「擔保品」處進行照相和評估，「銀行鑑價」比較保守，普遍來説會低於市場價格。

了解要約書、斡旋金的不同

· 斡旋金的約束效力強於要約書

要約書

當「買家」已經有購屋意願，可以透過仲介簽立「要約書」，要約書的內容會包括：

1 承購總價

2 付款及其它條件

3 確認正式買賣契約書的期限

另外，內政部於民國八十七年初有意提升要約書的效力，使其視同簽定買賣契約。因此在修版之要約書範例中，將明訂罰則，買賣雙方若在簽立要約書後反悔，將必須賠償總價的 3% 作為罰款。

斡旋金

就「屋主」的立場而言，口頭出價無法證明「買家」的真實性，也

會合理懷疑仲介有「試探底價」的用意，因此，當「買家」有購屋意願，收取「斡旋金」，不但可以了表誠意，也可以證明確實有這位買家的存在，但是，當仲介拿著「斡旋金」去和屋主議價的時候，一旦屋主同意就會簽收這筆款項轉為部分訂金。

「斡旋金」說明	
載明內容	使用目的、有效期限、金額、可否自行撤回權等
所需費用	房仲和契約內容不同，通常約「交易總價」的 1 ～ 3%
房屋成交	斡旋金可轉為「訂金」的一部分
替代方式	例如：總價 800 萬，斡旋金 10 萬，成交後斡旋金 10 萬轉訂金，尾款為 790 萬
留意狀況	要約書，但約束力較薄弱
	仲介常向「買方」施壓，強調若屋主不同意即可拿回，不過，假使「屋主」同意售出，斡旋金即轉為訂金，不可不慎

「要約書」與「斡旋金」比較		
	斡旋金	要約書
付出金額	通常約「總價」的 1 ～ 3%	無
違約罰則	斡旋金將遭沒收	總價的 3%
用途	要約行為，若成交直接轉為定金	要約行為，若成交須另支付訂金
約束力	強	弱

雖然，「斡旋金」通常是總價的 1 ～ 3%，也可視情況而異，以總價 1000 萬左右而言，我通常都是付 10 萬，曾經也有用 5 萬來做為「斡旋金」的經驗。付斡旋金時，建議前往仲介門市進行，在下斡旋金之前，就需打電話到該仲介的辦公室進行訪查，確認真有此人，避免假仲介或已離職仲介捲款潛逃。

何謂「履保帳戶」

所謂「履保」即為「履約保證」，把「不動產買賣價金」交由公正第三者開立獨立信託帳戶代為管理，是一種信託行為，避免「賣方」拿到頭款不進行過戶。

藉由仲介買屋，代書會幫雙方開立「履保障戶」，簽約後，就會將「斡旋金」進入「履保障戶」轉訂金；如果是私下買賣，也可請信任的代書開立「履保障戶」。

7-05

議價技巧 14 招大解密

- · 準備出價級距表，底價保密保留空間
- · 最後關鍵時刻，再砍仲介費

1 不洩漏「底價」

當仲介知道你的「底價」，往往最終的「成交價」很容易就會超出預算，而且有些房仲常在開始帶看物件的時候，就會詢問相關條件，例如你有多少頭款啊？想買多少錢的房子呢？這類的話，這時真的不必直接回答，只要表明想看多少「開價範圍」的物件就可以了。

當「買賣雙方」進入「議價」時刻，仲介就會把雙方各自隔離在兩個「獨立房間」，此時「仲介」會來回溝通傳話，達成協議以前買賣雙方是不會見面的，雖然這麼做，可以避免雙方見面後萬一「出價果斷」，導致「破局收場」，但是也相對保留了「仲介操作」的空間。

因此，初期如何「出價」就是決勝的關鍵，在完成銀行鑑價、行情

推敲、和一切能掌握的資訊後，就要開始設定「底價」，然而「底價」含括了仲介費、契稅、代書費、裝修、添購家具等等的費用，再將「底價」下砍到可以加價「兩到三次」左右的價錢，「兩到三次」聽起來好像挺籠統，但以我之前的經驗，通常都是來回兩三次左右成交。

2 找親友出價

有時候我也會找親友來假裝買家，出比較低的價錢去談，目的是打擊屋主的「市場信心」，還能擾亂他對價格的認知。

3 加價適時轉換計算方式

議價過程中主要先以「總價」來談，避免「總價」失控，議價的時後，雙方會不斷的計算「單坪價格」，仲介也會用單坪價格希望你繼續加價，但以 19.1 坪為例，很少人會喊一坪加 2000 元，多半是以「1萬」為單位，就立即增加了 19 萬的支出。為何要適時轉換計算方式呢？請看以下範例就會比較清楚：

19.1 坪、52 萬／坪、總價 993.2 萬，賣方若不願意，他可能和你說樓上賣到一坪 54 萬了，我為何要賣你 52 萬，也可能說「銀行鑑價」都 54 萬了，我為何要賣你 52 萬？此時你就該用「總價」來談，不要被他所說的一坪多少牽著鼻子走，一次把價錢加到「一千萬」才增加了 6.8 萬，可是總價卻上了「千萬」這就是「有感加價」。反之，用「單坪」加價（1000÷19.1 =52.35），一坪加價 3500 元，並和屋主說一坪 52 萬加到一坪 52.3 萬，這就是「無感加價」。

有時也可先從單坪砍，以 19.1 坪、開價 52 萬，一坪先砍 4 萬，得到一坪 48 萬、總價 916.8 萬，再去零頭砍至 900 萬，或以 916 萬含仲介費作為最終目標。

4 預備「出價級距表」

和屋主見面談價時，為了避免出價時手忙腳亂，設定底價以後，趕緊預備一張表格，清楚的標示出你可以出價的範圍，以及每個價錢需要負擔的月繳額與雜費開支，有助於談價時邏輯清楚、思路準確。

右表是以「貸款 8 成」做計算，如果不確定銀行可不可以核貸 8 成，就再擬定一張「貸款 7 成」的出價表，要記得通常銀行是以「銀行鑑價」為基準喔！並不是以成交價的 8 成來核貸，這點要多留意，而且目前處於低利環境，需要考量未來升息的成本，以免不堪負荷，不過切記別讓仲介看到這張表格，否則他就知道你設定的底價是多少了。

5 最後關鍵時刻，才砍仲介費

初期如果就透露出你想降低仲介費，就保留了「操作空間」，缺乏實質的意義，表面上雖然少了「仲介費」，卻增加了「總價」，因此在「斡旋」的後期，雙方價格快接近的時後，再殺仲介費，不過，如果是「直營店」變通性比較低了。（詳見 4-2）

但是，依然可以用「整包談」來節省支出，何謂「整包談」？

總價	換算單坪	仲介費 （買方 1%）	雜費 （稅金、裝潢）	總成本	貸款 8 成	所需頭款 （含仲介費、雜費）	月繳額
700 萬	43.7 萬	7 萬	約 40 萬	747 萬	560 萬	187 萬	28,330
710 萬	44.3 萬	7.1 萬	約 40 萬	757.1 萬	568 萬	189.1 萬	28,735
720 萬	45 萬	7.2 萬	約 40 萬	767.2 萬	576 萬	191.2 萬	29,139
730 萬	45.6 萬	7.3 萬	約 40 萬	777.3 萬	584 萬	193.3 萬	29,544
740 萬	46.2 萬	7.4 萬	約 40 萬	787.4 萬	592 萬	195.4 萬	29,949
750 萬	46.8 萬	7.5 萬	約 40 萬	797.5 萬	600 萬	193.3 萬	30,354
760 萬	47.5 萬	7.6 萬	約 40 萬	807.6 萬	608 萬	199.6 萬	30,758
770 萬	48.1 萬	7.7 萬	約 40 萬	817.7 萬	616 萬	201.7 萬	31,163

「出價」級距表 - 利率 2%，貸款 20 年期來計算，權狀 16 坪的房子

假設喊到 825 萬（含買方 1% 的「仲介費」約 833 萬），然而，我的底價是 830 萬，這時就可以喊 830 萬含仲介費，並表態這是最後底線，表面上雖然有多加了 5 萬，但是仲介可以降「賣方」的仲介費來貼補「總價」的差額，因為「賣方」也在算他的「總支出」。假使，仲介願意降賣方的仲介費，房價自然就會成功降下來了，如果成交，我等於省了 3 萬。

此外，房仲業者品牌眾多，各家的仲介費標準不一，想省仲介費就須看仔細，對於買方會收取 1~2% 的仲介費，以成交價 1000 萬為例，1% 就是 10 萬，2% 就是 20 萬，因此買房時應該慎選仲介，以免付出加倍的成本，即便在談價時，想收取 2% 的仲介業者，買方也是有機會談到 1%，若是仲介索價強硬，乾脆換到收取 1% 的房仲品牌，也不失為一個省錢的上上策。

6 多找幾家銀行鑑價

　　調出行情記錄以外，找「兩家」以上的銀行來做鑑價，向銀行説明買屋的需求，並且給他物件的住址，就可以免費進行鑑價，到時我們就可以拿「銀行鑑價」來壓賣方價錢，但是「銀行」估價比較保守喔，想議價也必須在合理範圍內，否則談判桌都坐不上，就 OUT 出局了，尤其精華地段，有時觸怒了屋主，就算真想買也買不到。

7 和屋主見面時，多帶幾十萬

　　和「屋主」見面的時後，身上可以多帶個幾十萬，如果當天成交了，就馬上將這筆錢連同「斡旋金」一並存入「履保帳戶」，如此一來，就可以降低屋主反悔的機率，否則如果有其他買家出價高過你，屋主就可能蠢蠢欲動的不想賣你，想改賣別人了，這時候如果有比較多的錢在「履保帳戶」裡，屋主就算毀約賠錢後，轉賣也還是賺不回來，也就會隨即打消反悔的念頭了。

8 了解屋主背景

　　了解「屋主背景」是很重要的，如果屋主是「換屋族」，或許就在等著賣屋過後，拿回資金作為下一間房的「頭款」，透析屋主心態以後，不但可以掌控出價的節奏，也可以找出你們之間的共通性來博取好感，更可以用「自住客」的誠懇來打動「屋主」，千萬不要説：我是買來「收租」的，因為這樣比較不討喜，不過也得看對象啦，我曾經碰到過一個賣方是「不動產投資公司」，對「價錢」就是一翻兩瞪眼了，哪管的了你是要收租還是要自住。

9 想買房就要低調

「房仲」是個競爭激烈的產業，很多奸巧破壞的手段，當買方下了「斡旋金」，多半同業很快就會知道，除了消息有可能走漏了以外，「屋主」也有可能和其他的房仲提及，因為，就「屋主」的立場，當然希望「價高者得」，建議你在「斡旋」期間，不要和其他房仲提及，有時後甚至連「管理員」都會覬覦，或許他收了某家仲介的紅包，又或者自己想幫屋主介紹「買家」都是有可能的。

就好比有一次，管理員堅持該物件已經售出，不讓我們上去看屋，由於，當時屋主剛好就在附近，當場就質問管理員為何說他的房子已經賣掉，仲介向我表示可能管理員想從中破壞，賺取他人的紅包。

還有一次，我在 A 家仲介下了「斡旋金」，半小時後 B 家仲介卻致電給我，告訴我有人出價斡旋，開價是多少……我心想，這不是在說我嗎！買屋到了最後關頭，反而要低調，正所謂商場如戰場。

10 價錢不合意時，轉移決定權

如果最終還是無法取得合意的價錢，就可以將決定權轉移到家人或是長輩身上，來拖延時間換取議價的幅度，可以向仲介表示這個價錢和心中還是有落差，你希望和長輩商量一下再做決定，都是很好的脫身說法喔。

11 拿屋況修繕，作為議價籌碼

屋況如果有需要修繕的地方，就可以從兩個方面來進行議價，眾所皆知屋況可以作為價值缺陷來爭取降價，但是有時候也可以來個逆向操作，如果修繕範圍是在可負擔的程度，算準了屋主都怕麻煩，懶的維修的心態，可以和他表明如果願意降價讓出，修繕的部分你可以自行維修，通常都會得到不錯的回應喔。

12 節省家具、家電費用

談價後期，能奮力爭取到家電或家具，也算是變相的降價策略。

13 採取「哀兵政策」博取同情

買房時表現出誠意十足，並且表示預算有限，藉此博取同情，懇求屋主幫忙圓夢。

14 「讚美」也是一種武器

有句話說「嫌貨才是買貨人」，但是在挑剔的同時，也該以「誠意」為基礎，留有餘地才不致與破局，更別忘了適時的「讚美」，因為「讚美」也是一種武器，當我們表現出對房子的喜愛，釋出未來會很珍惜的誠意，屋主也會感到歡喜。

避免「貸款不足」，造成違約賠償

· 擔心貸款成數不如預期，可在合約加註條款。

　　房屋貸款成數是依「擔保品價值」與「薪資負債比」來做評分標準的，有時候在仲介的推銷話術鼓吹下，買家常常會不經求證就誤判貸款成數，造成日後違約賠償的結果。那麼在不確定可以承貸多少成數的情況下，到底應該如何買房呢？

預先向銀行諮詢

　　其實，可以先告知銀行你的薪資負債狀況，以及想買物件的地點條件，請他做個成數評估，不過建議可找多家銀行詢問，避免承辦人員為求業績過度理想化成數和利率，彙整多家銀行資料後，尋找物件時也會比較有把握。

買賣合約附註

　　在簽訂買賣合約時，買方可以加附註條款「若買方貸款成數不足七成，則無條件解約」，即可保障自身權益，也不會因貸款不足而有金錢損失了。

Tips

我曾經在簽約時壓上此條款，但是仲介卻要求我壓上另一條附註「因買方個人因素導致貸款成數不足不在此限」，建議不要讓他壓上此條款，因為貸款本來就屬於個人因素，加註這條後，原先的條例等同虛設，這點要相當留心。

了解簽約到交屋的流程

· 簽約→用印→完稅→交屋
· 「簽約」款項付畢，後面階段的匯款時間和金額，可以和屋
  主商量確認。

流程一：簽約

為確認雙方的權利義務，首先會進行「買賣合約」的簽訂，合約
內容涵蓋了付款階段、總價及付款方式、貸款、稅費、指定登記名義
人⋯⋯等等。

其他項目，例如：漏水、是否為輻射屋、海砂屋⋯⋯等，也可以加
註於合約內，以避免日後爭議，本階段通常支付總價的 10%。

Tips

「簽約」時，若擔心「貸款成數不足」以致無法購買，可在契約上標明「貸款成
數若未達 8 成，則無條件解約」。

流程二：用印

雙方準備「過戶」及「報稅」的印章和證明，交由「代書」辦理稅

賣方

程序說明

買方

簽約
- 買賣雙方簽訂買賣契約
- 開立履約保證專戶

準備印章、身份證、土地與建物權狀

準備印章、簽約款、身份證

用印
- 代書進行申報：
  買方「契稅」、賣方「增值稅」
- 銀行貸款送件→銀行看屋→徵信→對保

準備買賣契約書、印鑑證明印鑑章、戶口名簿、房屋稅單近期地價稅單、管理費收據水電瓦斯費單據

開始找銀行貸款
準備買賣契約書、印章用印款、預收地政規費

領稅單
- 領取買方「契稅單」、賣方「增值稅單」
- 通知買賣方辦手續

約4-6天

完稅
- 繳清買賣雙方稅款
- 取得買方貸款設計契約書
- 送地政事務所過戶、設定手續

支付增值稅
準備買賣契約書、印章

支付契稅
簽立擔保尾款支付的商業本票

約3-5天

過戶
- 賣方沒有貸款約1天可交屋
- 賣方有貸款須代償、塗銷約3-4天可交屋

交屋
- 房屋稅、地價稅、水電瓦斯分算
- 履保尾款匯入賣方指定帳戶

準備買賣契約書、印章鑰匙、結清履保後匯款帳戶

驗屋、支付尾款
領到鑰匙、權狀正本、公契、稅單、之前簽的商業本票

務申報及過戶相關事宜。通常「用印完成後」,代書就會進行申報「契稅」及「增值稅」,屆時「稅單」核下後,最終再辦理「過戶」,本階段通常支付總價的 10%。

流程三:完稅

稅單核下後,「賣方」需繳納增值稅、「買方」須繳納契稅。「代書」將請「買方」簽立一張同尾款金額的擔保「本票」,讓代書代為保管以作為支付尾款的擔保,並於交屋時歸還給「買方」,簽立本票主要是控管交易風險,這部分不用過於緊張。本階段通常支付總價的 10%。

流程四:交屋

在交屋時,代書會交付鑰匙、權狀正本、公契及稅單,並且分算房屋稅、地價稅、水電、瓦斯費……等等。建議交屋前一天「確認屋況」。如有瑕疵或與合約不符的狀況,可以暫緩交屋或暫緩部分交屋款的支付,並要求「屋主」改善。本階段通常支付總價的70%,若「交屋款」佔總價的比重較高,例如 80 ～ 90% 者,前三個流程支付金額就可減少。

Tips

「簽約」款項支付後,後面階段的「匯款時間」和「金額」是可以和屋主商量的,只要雙方同意,最終的總額正確即可。

Chapter 8

搞懂房貸拿到優惠利率

8-01　挑選適合自己的房貸種類

8-02　如何和銀行談到較低的利率

8-03　辦理房貸不 NG 的教戰守則

8-01

挑選適合自己的房貸種類

　　總算買到適合自己的好宅了，好不容易進入辦理房貸的階段，卻被一堆房貸種類搞得暈頭轉向，到底該如何挑選，又有甚麼撇步可以得到優惠利率呢？

指數型房貸

　　「本息攤還型」的房貸是市場最常用的房貸類型，可逐「月」調整，也可隨「季」調整，以目前的低利環境，未來利率調漲機率高的情勢下，建議採用「季」調整會比較適合。

　　1 房貸利率會隨「基準利率」上下浮動的利率。

　　2 每當利率調升時，「指標的利率」也會跟著上揚

　　3 利率 = 指標利率 + 加碼，一碼約為 0.25 個百分點，至於如何加碼，是固定還是浮動加碼，銀行計算方式不盡相同，可以多運用網路上的房貸試算，來增強概念，大略分為以下三種：

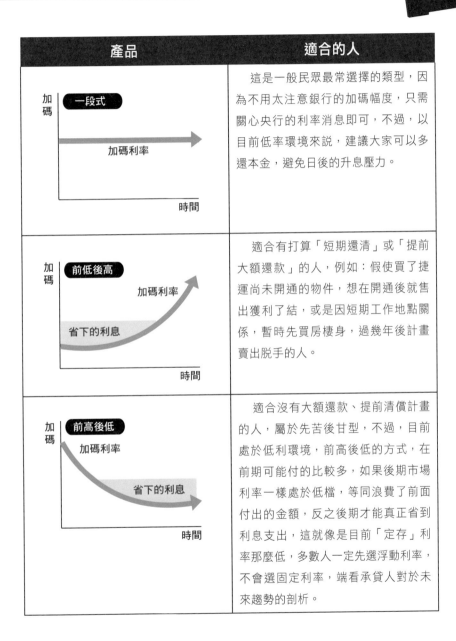

產品	適合的人
一段式 加碼 加碼利率 時間	這是一般民眾最常選擇的類型，因為不用太注意銀行的加碼幅度，只需關心央行的利率消息即可，不過，以目前低率環境來説，建議大家可以多還本金，避免日後的升息壓力。
前低後高 加碼 加碼利率 省下的利息 時間	適合有打算「短期還清」或「提前大額還款」的人，例如：假使買了捷運尚未開通的物件，想在開通後就售出獲利了結，或是因短期工作地點關係，暫時先買房棲身，過幾年後計畫賣出脱手的人。
前高後低 加碼 加碼利率 省下的利息 時間	適合沒有大額還款、提前清償計畫的人，屬於先苦後甘型，不過，目前處於低利環境，前高後低的方式，在前期可能付的比較多，如果後期市場利率一樣處於低檔，等同浪費了前面付出的金額，反之後期才能真正省到利息支出，這就像是目前「定存」利率那麼低，多數人一定先選浮動利率，不會選固定利率，端看承貸人對於未來趨勢的剖析。

保險型房貸

　　這類房貸就是在申請時還需要同時購買保單，因此，除了平時要支付的房貸款項以外，還得支付保費，但是未來如果發生意外、殘疾或死亡造成無法還款的困境時，保險理賠金就可以繳交房貸。

理財型房貸

　　適合需要「資金調度」的承貸戶，有運用才計息，通常並無規定每月還款金額，有些銀行會規定最低應繳金額，用房子設定可動用額度，動用時通常利率比一般房貸，至少高出 1 ～ 2%。

　　1 房貸價值可被靈活運用

　　2 有設定循環透支的額度，資金調度上可以靈活運用

　　3 申貸額度比較高，並可隨借隨還

抵利型房貸

　　在使用「本息平均攤還」的繳款方式下，提供一個活存帳戶，在計算每月利息時，以房貸本金和活存帳戶的差額來計算利息，當承貸戶有資金需求時，仍可動用存款，這種方式適用於有閒置資金的人。

　　1 房貸戶以存款利息折抵房貸本金。

　　2 活存帳戶中存款有多少，房貸就有多少金額無須支付利息。

如何和銀行談到較低的利率

· 貸款後若發現他行利率更低，可與銀行議價
· 最好和有資金往來的銀行申請房貸

選擇有往來的銀行

除了借款紀錄，與銀行有其他資金往來，利如基金、存款等，銀行也可藉此了解承貸戶的資金水位，而做比較有利的評估，而且往來的資金越多，越可以提高銀行評比，因此有些人也會在貸款前半年，現和親友籌借幾百萬存入銀行，提高未來房貸的信用評比。除此之外，股票、基金、保單、定存……等等的財力證明，也都是很有加分效果的喔。

降低現有的房貸利率

發現房貸利率過高的時後，可以先和銀行議價。如果一直以來都是信用良好，通常銀行就會答應調降，你也可以拿他行的利率還作為談

判籌碼，並且和銀行表明如果不調降，可能就會轉貸的態度，試探銀行降價的意願。

找個有力的擔保人

當擔保品價值不足、承貸人負債比過高時，銀行給予的成數和利率都較保守，可找一位有力的擔保人，或者拿名下其他不動產作為抵押，來增加貸款額度。

辦理房貸不 NG 的教戰守則

守則 1

銀行對有第二筆房貸者，會進行成數管制。

守則 2

申請房貸時，銀行會透過「聯合徵信中心」來調查你的信用，但是「聯徵次數」不宜過多，因為銀行會思索為何同一時間有多家銀行對你展開聯徵調查，你是否為問題人物，為了避險，銀行可能會以「聯徵次數過多」為由，拒絕房貸申請，

因此，當我們在申請房貸時最好先口頭詢問，告知自身條件藉此判斷哪些銀行較為合意，再決定哪些銀行可進行聯徵，千萬不要以「廣撒漁網」的方式，以免造成日後無法辦理的窘境。

守則 3

通常銀行視「套房」為高風險品，有成數上的管制，每家銀行規定不同，有些是以權狀來認定，有些則以室內坪數來認定。

守則 4

　　銀行對於部分產品、區域都有做成數上的管制，在購買老舊公寓的時後，也需要考量是「磚造」或「鋼筋混泥土」，通常銀行對「磚造」房是以 35 年為使用年限，如果過於老舊就會嚴格控管放款成數。

守則 5

　　各家銀行標準不同，A 銀行認定的好客戶，去了 B 銀行卻未必受歡迎，買屋前了解銀行規則，提供對自己有利的資料，也不要採信單一房貸業務的說法，避免業務因招攬業績而提供不實消息，多方打聽才是萬無一失的做法。

守則 6

　　確認是否有「提前清償違約金」、「帳務管理費」等衍生費用，所謂「提前清償違約金」通常是指承貸戶若想「全額清償」時才需要支付的，「部分清償」則不在違約範圍內，但是，就算餘額只剩兩萬元，也還是拿不到銀行的「清償證明」，以致無法塗銷，因為「債權人」與「債務人」的關係依舊存在，這筆不動產也仍然是有被設定抵押的，也就是說不能「出售」或「轉貸」，況且想買第二間房時，依舊會受到二房政策的打壓，需面臨成數上的限制，因此，建議在辦理房貸時，還是要看清合約，以免日後要「出售」或「轉貸」，需要承擔額外的罰則喔，當然如果近幾年都沒有「出售」或是「轉貸」的打算，就算提前部分還款也是可行的，不過，每間銀行的規定不盡相同，需要自我嚴審把關。

守則 7

「寬限期」即為銀行給一段期間只繳息免還本，購屋初期為了支付裝潢費、家具等，動用「寬限期」確實可減輕壓力，但須規劃完整的還款計畫，良性運用寬限期，否則寬限期過後隨之而來的高額月繳金將造成龐大壓力。

守則 8

指數型房貸，有前低後高、前高後低、一段式的調整方式，央行有要求銀行告知民眾一段、二段、三段的平均利率為何、以免民眾誤判還款能力。

守則 9

近年來，在高房價影響下，有些銀行推出三十年攤還的房貸，每月本息攤還的金額相對降低，但是利息總額也會暴增。

Chapter 9

教你改造房客愛、
租金高的包租屋

9-o1　租屋裝潢首重「維修方便」

9-o2　自己監工發包，節省預算創投報

9-o3　色系選擇有一套，客群廣泛一把罩

9-o4　做好收納規劃，提升包租房好感度

9-o5　格局小調整，空間放大好寬廣

9-o6　教你改造房客愛、租金高的包租屋

9-o7　「一房變兩房」，不愁房客沒法找

9-01

租屋裝潢首重「維修不方便」

· 裝冷氣要考慮好維護清潔和抽換管線便利性
· 裝潢和設備安裝選用，安全最重要

　　如何裝修房子，才能讓房客愛不釋手，一眼就想承租呢？色系和家具該如何做選擇，才能增加看房時的好感度？為了避免日後維護屋況的困擾，裝修時又該注意些甚麼？想用最低的預算，開創最高的價值，請你跟我這樣做！

冷氣規劃要考慮後續維修及清潔

　　「包租生意」最常遇到的狀況，就是「冷氣」出問題了，一到夏天「房客」就會反映這類的狀況，因此，在規劃「冷氣管線」時，美觀固然重要，「維修便利」更重要。管線安排時，盡量使用「隱藏式」的簡約設計即可，忌用「包覆式」的繁複設計，否則往後維修困難，得花一番工夫才能解決。

錯誤狀況：出風口有障礙物

為了設計「間接燈光」，有時設計師顧及「整體性」會將「隱藏燈管」用的「隔板」，延續到「冷氣出風口」下方，不但造成「冷氣機體」清潔不易，還因長期水氣，促使隔板的貼皮泛潮，也因「冷空氣」無法直接下降，影響其效能。

我曾遇過日本租客，希望能在入住前「清潔冷氣機體」。當冷氣師傅來到現場，發現「冷氣下方的隔板」造成汙水引流不順且沖刷不易，更導致汙水大量噴灑到客廳空間，後來，師傅用「防汙墊」大面積的從冷氣出風口一路鋪到地面，並在地面擺放接汙水的清潔盤，可說是大費周章，「清潔費用」也因此提高。之後我請木工師傅把冷氣下方那一段隔板鋸掉，原先的設計固然美觀，卻造成維修上的困難。

冷氣規劃要預留抽換管線的彈性

「冷氣機型」要選擇 1 對 1，還是 1 對 2，在裝潢時就需要規劃。選擇「1 對 2」的機型，一台「室外機」卻要牽出許多「管線」從天花板穿引到各個空間，對於三米六挑高宅，樓上的房間多是半是「開放式」，往往管線是貫穿了其他空間才來到樓上的臥室，那麼是否會造成維修上的困擾呢？

錯誤狀況：管線規劃不佳，「冷媒管」不適用，抽換困難

「房東太太，我的『冷氣』壞了！」 我想這是所有房東最不想接

到的棘手電話。

這台維修過好幾次的舊冷氣，修完一陣子又會出狀況，我決定買台「新冷氣」一勞永逸，協同「冷氣師傅」到了現場，勘察了「室外機」和「冷氣管線」的規劃，師傅說本來只要配置新冷氣裝上就解決了，但是包在裝潢裡的「冷媒管」是舊的 R22（冷媒類型）管材，基於環保，政府規定使用 R22 的冷氣已經不再生產，新的冷氣使用 R410A（冷媒類型）則無法沿用舊的「冷媒管」。

聽完後我真是晴天霹靂，接著詢問：「那怎麼辦？要打掉裝潢嗎？」師傅嘆了一口氣說：「沒辦法，只好幫妳把『外牆』打個洞將管線穿出『室外』，沿著外牆走一段管線，走到相對應位置後，在打另一個洞穿進來『室內』，外牆跑的那一段『白色管線』再用噴漆噴成外牆的顏色，免得管委會以影響外觀投訴。」

這個慘痛的經驗，也不知道該怪「管線」還是「裝潢」。我想裝潢時多思考「管線維修」等等的問題，應該會比較「萬無一失」吧！

壁紙局部點綴提升空間質感

「貼壁紙」需考慮樓高。我曾經裝潢四米五的房子，想在梯間貼壁紙，等裝潢完成，壁紙進場了，發現四米五相當於 450 公分，不但施工不易，日後的維護翻新也是一大難題，只好放棄以油漆處理。至於壁紙的運用，就僅限於「電視主牆」或「沙發背牆」，局部使用提

升質感就好，萬一房客不愛惜，屋況也容易整理。（如圖1）

圖1－箭頭所指牆面 ，因高度而難施工，以油漆取代壁紙。

設備和裝修要考量居家安全

　　房東在裝修房子時，須留意樓梯的防滑度，熱水器種類與設置位置，甚至家具的選擇……等等，都要考量到居住安全問題，避免有人受傷或因而吃上官司。

液晶電視盡量不要用壁掛

在此分享一個經驗，租屋若以含家電的條件出租，液晶電視應避免「壁掛」，壁掛不但維修不易，且房客若要求擺放自己的電視，也增加電視拆送的困難度。

裝修要注意大樓管委會相關規定

每棟大樓的管委會，對室內裝修的規定不盡相同，準備裝潢前，一定要事先了解清楚避免發生糾紛或不愉快。大約流程如下：

Step1 簽定「住戶裝修同意書」

（裝修師傅、屋主、管理處三方共同簽訂）

Step2 管委會要求押金（由裝修師傅押票或付現皆可）

Step3 裝潢完成後，管委會可要求進入室內檢查消防管線

Step4 取回押金

Tips

Step3 是針對有「灑水系統」等消防設備的大樓，管委會是依照公寓大廈管理法第六條：

管理負責人或管理委員會因維護、修繕共用部分或設置管線，必須進入或使用其專有部分或約定專用部分時，不得拒絕。

自己監工發包，節省預算創投報

· 想長期經營包租生意，最好建立信賴的工班系統
· 適度投資裝潢，可創造更好的租金效益

　　為求好的租金投報，通常是自己找工班發包，不假設計師之手，也常會運用一些網路上的免費繪圖軟體製做一些示意圖，方便自己與師傅溝通。老實說，示意圖雖然挺陽春的，可是至少在隔間位置和概念上還算清楚，所以師傅也還勉強可以接受。到了屋內，我不但會仔細和師傅討論，還會在地板上貼整條容易撕的紙膠帶，做為標示隔間牆的記號，免得牆壁出來的位置不是我要的，而且，這幾張陽春的室內設計圖還可以提供給師傅，讓他在上面做一些註記，也順便加強記憶，以免遺漏細節。

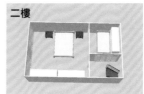

自己利用免費軟體繪製的示意圖

建立自己的工班系統

自己發包最大的好處就是「省錢」，不會再被設計師剝一層皮，但是就得付出勞力和時間了，三不五十都要去工地繞一繞，免得做錯了甚麼，真的要大改特改可就傷和氣了，同時師傅會心想：你都不來工地看，做到這個地步了才反應，難免會動氣。

畢竟我們沒有設計圖可看，就算是款式或空間規劃，也單靠我找到的雜誌照片，或是雙方憑空討論，所以還是會有誤解對方想法的可能，我和我的工班配合得很不錯，師傅幫我裝修過好幾間包租屋，雙方合作愉快，在此也建議想做包租生意的朋友，要建立自己的工班系統，涵蓋水電、冷氣、電器、家具的廠商都要備齊，如果你買的房子是有大樓管理的，也不妨問問管理處，通常大樓都會有熟悉的水電師傅可以介紹，其實還挺方便的。

前陣子，有一位房客和我反映水壓有問題，我就立即請水電師傅和房客聯繫，讓他們雙方約定時間場勘，如果只是小問題，修理的時候我也無須在場，只要請水電師傅修理好後，於現場和我電話回報狀況和費用即可，接者我再請租客先幫我支付，等待下個月繳租金時再扣抵即可，這麼做不但可以節省時間，也避免房客因忙碌，三方時間老是「喬」不攏的困擾。

自己發包就得勤快監工

9-03

色系選擇有一套，客群廣泛一把罩

· 出租屋非自住，「中性」設計才能廣羅客群

空間的「色系選擇」是提升「好感度」的關鍵，色系挑得不對，就算收納、隔間機能佳，也很難被接受喔！風格設定也是一樣的，鄉村風的小碎花、窗簾上的刺繡、鍛鐵的鏤空花飾等等，最好都盡量避免使用。室內空間以「中性調性」為主軸，就不會設限房客的性別，畢竟浪漫粉紅屋，男士通常不愛。也不要採用「過於強眼」的色系，盡量運用淺色系來達到「放大空間」的效果，也描繪出自在舒適的住家氛圍，從客廳的石英磚、和室的木地板，甚至廚具、櫃體都以「淺色調」為基底。

範例 1：和室換「淺色」木地板

裝修前，「和室」的深色木地板，使客廳白色石英磚無法延伸，視覺被「分明的色系」截斷。

裝修後，「和室」改用淺色木地板，色系和客廳地板相連，視覺寬廣許多。

圖 1 – 裝修前 - 和室

圖 1 – 裝修後 - 和室

範例 2：廚具換「淺色」面板

　　廚櫃的面板原本是深藍色，視覺被顏色切割感覺空間比較小，如此鮮明的顏色也有個人喜好的問題。

圖 3 – 裝修前 - 廚房

圖 3 – 裝修前 - 廚房

　　保留廚櫃筒身，用白色門片取代，並更換檯面材質方便清理，空間質感就提升了。

9-o4

做好收納規劃，提升包租房好感度

· 強化坪效，畸零空間變收納 9 妙招

　　強化坪效與收納規劃，自然住的寬敞舒適，善用畸零空間打造完美收納機能，房客住起來舒適，自然不會常常換。以下範例是我的三間包租屋設計：

1 畸零空間創造高容量鞋櫃

　　利用凹進去的空間做整排鞋櫃，創造出能置入 80 幾雙鞋的驚人收納量！

2 樓梯間的轉折做書櫃

　　挑高宅的二樓地板，我常以不做滿
的透空設計處理，來降低客廳的壓迫
感，多一個轉折的地板面積，不但提
升臥房的寬敞感，還可加製書櫃，藉
此補強「收納機能」。

3 管道間變身好用儲藏室

　　善用管道間，可做為「儲藏室」，
甚至加裝「吊衣桿」讓用途更多元。

4 地板墊高，下面全是收納空間

　　地板架高作為和室區，不但創造大
收納量，也多了休憩區域。

5 桌下也不放過的收納設計

和室區的隱藏桌面，平常不使用時，桌下空間還可收納。

6 善用樑下空間，衣櫥書櫃都齊全

下圖的衣櫥「上半部的櫃體深度」比「下半部的櫃體深度」淺，因上方包有很大的樑，利用樑下空間打造天地同高的衣櫥，不但一體成形，也巧妙的包覆樑體。

深度較淺

深度較深

7 鞋櫃取代電視櫃

小空間為提高坪效，用鞋櫃取代電視櫃，收納量更大，也更實用。

8 善用梯間做衣櫥

樓梯下方能運用的空間很多，可善加利用，空間化零為整，視覺上也更整齊

9 善用梯間做展示櫃、儲藏室

原本毫無收納空間的樓梯，改造後多了一個儲藏室與小書架，可以展示一些心愛的小物。

左圖 _ 改造前
右圖 _ 改造後

格局小調整，空間放大好寬廣

· 買一間十全十美的房，不如學會改造好房

變更浴室門方向，狹窄客廳變寬廣

這間房子，原先的格局沙發後面是門，不但坐不安穩，沙發的寬度也受限，客廳動線不好、格局不佳，思索後，我將浴室門改了方向，所有的問題也都迎刃而解了。

圖 1 – 裝修中 - 客廳

圖 2 – 裝修中 - 客廳

圖 3 – 裝修前 - 客廳

圖 4 – 裝修後 - 客廳

改變「浴室門」的方向,創造出電視牆寬度,也巧妙的隱藏了梯間。

裝潢前,由於「沙發」背後是
門,讓人坐不安穩,沙發寬度受
限,格局不佳。

圖 5 – 裝修前 - 客廳

改變「浴室門」的方向,創造
出電視牆寬度,沙發方向隨之改
變,可放置 L 型沙發,客廳寬廣
多了,解決了「沙發後有門」的
不良格局。

圖 6– 裝修後 - 客廳

9-06

營造質感小豪宅，房東荷包不減少

· 壁紙、線板局部點綴，就能提升空間質感
· 投資在燈飾或小傢飾品，花費不多卻能創造好效果

　　以下是同一間房，裝潢前後的照片，你說是不是差異很大呢？裝潢涵蓋家具選擇、燈光營造、家飾配件等等，如何在預算精簡的前提下，提升質感呢？

Before- 客廳

After- 客廳

壁紙

壁紙可用來做局部美化,電視主牆、沙發背牆(如圖 1),深色桌面想轉換為淺色,也可鋪上壁紙,再訂做強化玻璃壓上桌面,不但節省了貼木皮的費用,桌面與桌身的色系反差也豐富了空間層次(如圖 2)

圖 1– 電視主牆 - 使用壁紙

圖 2 – 桌面 - 壁紙 + 強化玻璃桌面

線板

天花板運用「線板」勾勒,提升整體精緻度。

鏡面

運用鏡面＋畫框，用精簡的預算「提升質感」和「寬廣視覺效果」。

燈飾

燈光設計也是一大重點，添置水晶吊燈、檯燈、壁燈、來佈置，水晶燈交錯的光線，勾勒出立體的空間感，營造氣氛的同時也創造出視覺亮點。

傢飾品

「傢飾品」的點綴，擁有裝飾效果，也增添空間的細膩度，運用抱枕、窗簾上的圖騰強化風格特色，綢緞布在燈光下的光影反射，無論視覺或感官上都是美麗的饗宴。

綠意植物

　　生活在都市中，每個人都嚮往綠地藍天的開闊，放些綠色的植物，總是能為室內添色不少，枯燥乏味的陽台空間，經由改造後，綠意交錯的枝條，透過光影的投射，充滿度假的放鬆氛圍，清新綠草的視覺感受往往能吸引房客的目光。

BEFORE

AFTER

9-07

「一房變兩房」，不愁房客沒法找

· 兩房彈性大，利於吸引房客

　　若空間允許，「兩房」格局優於「一房」格局，也因兩個房客同時分擔，則租金行情、出租率都比「一房」好，找出空間的可能。以下是「一房」改成「兩房」的案例：

圖 1– 裝修前 - 一房

圖 2 – 裝修後 - 變兩房

圖 3– 裝修後 - 變兩房（次臥）

圖 4、5– 裝修後 - 變兩房 （主臥）

Chapter 1o

如何行銷找房客

10-01 　利用「網路」行銷包租房

10-02 　與房客多攀談，找出可靠好房客

10-03 　運用帶看技巧，承租意願高

10-04 　讓房客續租，減少空置率技巧

10-05 　如何找到外國房客

1o-01

利用「網路」行銷包租房

· 提供的訊息須清楚、美觀，提升看屋意願
· 拍攝影片或提供平面圖，讓人快速得知屋況

　　天底下的包租婆可不只我一個，如何在眾多「屋」海中脫穎而出，除了做足市場調查，還要準備素材做網路刊登。怎麼刊登才能讓網友一眼就看到你的房子，帶看時要怎麼獨具慧眼找出好房客，又該運用甚麼技巧使房客不斷續租呢？常常不到一天就將房子租出去的我，要教大家如何創造滿租的盛況！

準備素材

　　1 房屋照片　在網路發達的今天，「招租」大多透過網路行銷，而照片素質好，是取勝關鍵，佈置完成後，使用廣角相機拍攝，獲得一組優質的照片，只要在屋況沒有異動的情況下，日後都可持續使用，可說是一勞永逸。

　　網路行銷最重要是「清楚」、「美觀」，才能在眾多租屋廣告中脫穎而出，快速讓房客得到正確的屋況，提升看屋意願！

照片要拍到空間的「關聯性」，比方說客廳與餐廳的關係，書房與客廳的關係，都可一併在相片中交代，讓網友了解屋內環境，特別注意若有兩間以上臥房，建議使用不同款式的床單，或在照片左下角（右下角常會有租屋網的浮水印，建議寫在左下角）處寫上「主臥」、「次臥」的字樣，方便網友了解有兩間臥房，並非同一間臥房有兩張照片。

2 房屋影片　準備一段影片，從出電梯口的梯間就開始拍攝，直到屋內的所有空間。

3 文字簡介　參考同區域的物件，編輯房屋特色文字、內容涵蓋建案名稱、格局特色、交通條件、生活機能……等。

刊登網路廣告

1 租屋網站　例如：樂屋網、591、好房網、永慶房屋、住商不動產、信義房屋、奇集集等等。

2 下關鍵字　在「物件名稱」內寫下可被「搜尋」到的關鍵字，內容涵蓋建案名稱、格局特色、交通條件、生活機能等等。例如：市府站 5 分鐘─溫馨兩房─管理佳。

3 首張圖片　首張露出的照片很重要，選擇最能代表也最具吸引力的照片。

4 平面圖

若能繪製簡單的「平面圖」，對於協助了解內部空間也是很有幫助的。

租屋部落格

建立你個人專屬的「租屋部落格」，把影片、照片、文字彙整上去，可節省「帶看時間」，通常我會把網址 PO 在「租屋網」的廣告內容中，有些「租屋網」容許外站連結，有些則禁止，房客來電詢問時，若對「屋況」、「格局」，有疑問，可將「影片網址」以「簡訊」傳送，讓他藉由「影片」看清楚「屋內空間」，避免雙方白跑一趟。

簡易平面圖讓租屋族快速了解格局配置

Tips

我曾經遇過一位高階主管，看完影片和我接洽，當時還有房客在，我表明需等房客遷出才可看屋，他卻表示有「影片」即可。和他相談甚歡也同意簽約，沒看過屋就付了「兩個月押金」和「首月租金」，是還滿奇妙的經驗。

與房客多攀談，找出可靠好房客

電話過濾

刊登「租屋廣告」後，會有仲介來電爭取託租，接到電話時，確認是房客後，接者詢問以下問題：「是您要住的嗎？請問您在附近上班嗎、大約幾個人要住呢？」當然是以自然聊天的方式詢問，藉由電話就可做初步篩選。

爭取帶看時間，了解房客背景

帶看時，我通常會約在樓下，從公設開始介紹，甚至相約在捷運站接租客步行前往，以爭取較長的看屋時間，過程中多攀談，察言觀色承租方的儀表、交通工具，從談吐與行為舉止中，推判他的為人是否正直誠懇，交談內容涵蓋了工作背景、租屋動機、換屋原因與金流來源，這些都有助於了解房客的生活型態和資金能力。

要到名片，網路找查

聊到上班地點時，順口請教一張名片，藉此判斷工作的穩定度與收

入狀況，及談話的真實性，取得名片後，多利用網路搜尋姓名和公司名稱，網羅相關資訊。

杜絕不守信用者

　　約好看屋時間，卻沒來赴約，都該列入黑名單，我曾遇到過一對夫妻，雙方約定「簽約」時間，卻在「簽約」前 20 分鐘來電表示押金只能付一個月，之後再補齊，我馬上回絕他了，縱使我「租約」都準備好了，但是這樣的人絕對「別租給他」，難保日後請神容易，送神難。

Tips

> 這些方法都用盡，也未必能杜絕「壞房客」，畢竟若「房客」找「人頭」出面租屋，房東也無可奈何。好房客不好找，但當個認真負責的好房東，才是留住房客的首要條件。

10-03

運用帶看技巧，承租意願高

燈光充足，好明亮

室內明亮絕對是提升好感度的關鍵點，若是燈光昏暗，不但心情也跟著昏暗，空間也會變得狹窄，房客一入門的感受，幾乎就決定了一切，因此，燈光一定要全部打開，明亮的迎接承租方。

冷氣空間，好涼爽

若出租時間是在夏天，一定要在房客來之前就開好冷氣，想想看從外頭酷熱的烈陽下，一進到舒爽的冷氣房，當然立刻會對空間產生好感。

音樂電視，營造居家氛圍

可以放些輕音樂或是開著電視（音量適中就好），一進門就有放鬆的感覺，更能幫助房客模擬承租後的居家生活。

讓房客續租，減少空置率技巧

1「提前招租」法

合約到期前一個月，詢問房客的續租意願，若不再續租，先刊登「免費」的租屋廣告，預先累積有興趣看屋的客戶名單。

2「配合帶看」法

確認房客不續租後，可雙方協議，在兩方都在場的情況下，讓房東進行帶看，給予最後一個月的「租金折扣」。

3「隔年降價」法

租約期滿後，次年可依情況遞減租金，或在最初雙方協議租金時，以次年調降租金為誘因，在合約中註明。

4「租金預繳」法

付款方式也是「談判的籌碼」，若能以「年繳」或「季繳」方式支

付租金,可降低提前退租機率,也減少逐月催租的壓力。

5「契約延長」法

簽約時,房客若要求降租金,可表明約期加長即有降價空間,藉由契約延長來達到降低空置期的目的。

6「協助管理」法

「隔間套房」這類的的包租產品,可請其中一位可靠的房客來協助管理,並以降低其租金為誘因,進而節省房東的時間成本。

7「介紹租客」法

「隔間套房」若無法滿租,不但耗損成本也降低投報率,若能以優惠方式吸引「舊房客」介紹「新房客」,可創造雙贏的局面,但房東空閒時,依然需前往租屋處多走動,尤其「新房客」入住時,仍需細心篩選,以免壞房客入住,影響原房客的權益,損失好房客,就得不償失了。

1o-o5

如何找到外國房客

· 若房客外商，需注意是和個人還是公司簽約
· 租屋訊息提供一段簡單的英文簡介就有機會

英文說明

　　刊登租屋廣告時，最好連英文也撰寫，甚至加一些日文來吸引外國房客。文案無需太艱深，以「房屋地點」、「交通便利性」、「空間規劃」為重點即可。範例如下：

Within walking distance to Taipei City Hall Station（6 minutes or less），24hours security service、complimentary movie room and fitness center provided for tenants，7-11、supermarket，and many restaurants within walking distance，great sunlight exposure during daytime，The design includes one bedroom、one single room、kitchen、bathroom、reading room and a wide space cozy living room .....

委託外商租賃仲介

租賃市場裡有很多日商、美商、外商的租賃公司,都可提供完善的翻譯服務,並且擁有長期與企業合作的經驗,客源多半是企業主管或是外派員工,服務費通常是以簽約一年期,則取半個月租金作為仲介費,以次類推。

外商房客注意事項

房客若是外國人,須查看身分證件、居留期限和工作證。很多外商公司員工,在外租屋費用是由公司支出,因此若簽約對象為為公司行號,也須查看營利事業登記證、並在合約書內加蓋公司大小章,以保障雙方權益。

Chapter 11

想當輕鬆房東非知不可

11-o1   簽租約要注意的事項

11-o2   何謂租賃契約公證

11-o3   何謂「租賃管理公司」

11-o4   包租婆貼心甘苦談

11-01

簽租約要注意的事項

　　身為房東該注意些甚麼，租約又該如何簽訂，押金收多少才合理，帶看的工作實在太累了，好想委託租賃公司來幫我出租，可是這樣好嗎，讓我們一起來了解箇中的利弊。

租約形式

　　「租賃契約書」的製作，法律上並無固定形式，市面上販賣的、網路下載版本都可使用，對於客製細節説明，就須雙方商討，共同制定最終協議的版本了。契約書應制定的內容如下：

1 附上房客的身分證影本

2 有承諾過的事宜，都須詳盡記載

3 將房客租屋目的，記載於租約中

4 家具、家電最好紀錄品牌，能附上「相片」更好

5 若有給予搬家期間免租金優惠，也須詳盡記載

6 合約制定後，雙方須簽名加蓋章

7 若有編修處也最好雙方都簽名

8 房屋是否可轉租、分租等狀態詳盡記載

9 提前終止租約時，押金的處理方式

10 明文記載租金匯繳戶頭與繳款方式

沒有公證，「租約」依然有效力

　　「租賃契約書」就算沒有公證，仍有法律效力，公證只是在保障雙方若有一方不履行契約時，可直接向法院執行處申請強制執行，而省去興訟、打官司的過程。

「租約」到期，切記要「續約」：

　　租約期滿後卻忘了續約，將有損障雙方權益，也曾發生過沒有續約，造成房東難討回租屋的例子，雖為「不定期租約」卻對雙方都有風險。根據《土地法》第 100 條規定，不定期租賃的出租人欲收回房屋有 6 項限制，房東須符合 6 項限制之一，才可終止租約。

「不定期租約」出租人收回房屋相關規定：

1 出租人收回自住或重新建築時

2 承租人違反民法第 443 條第 1 項之規定，轉租於他人時

3 承租人積欠租金額，除以擔保金抵償外，達 2 個月以上時

4 承租人以房屋做違反法令之使用時

5 承租人違反租賃契約時

6 承租人損壞出租人之房屋或附著財物，而不為相當之賠償時

「買賣」不破「租賃」

房屋帶租約，即使經過買賣，也無權趕走房客取消租約，因為租賃權的效力大於買受人效力。

口頭約定想承租，最好收取一點訂金：

房客來看屋後，對屋況很滿意表示有意承租，但是無法馬上簽約，可能要另約時間才能進行簽約，這時候房東最好和他收取一點定金，以免房客日後反悔，房東就白白損失了這幾天原本想來看屋的客人了，但是換各方面想，其實也蠻好的，剛好可以過濾掉一個不守信用的房客。

收多少押金才算合理

在租賃房屋時，除了支付租金外，通常還會繳納押金，為了防止房東向房客要求過高的押金，土地法第九十九條規定：「租賃之擔保金不得超過二個月房屋租金總額。已交付之擔保金超過前項限度者，承租人得以超過之部份抵付房租。」這點在簽訂契約時雙方都要特別注意。

何謂租賃契約公證

　　所謂「租賃契約公證」，就是對於房客返還房屋、給付租金和違約金，或房東的返還押金等事項，無需訴訟就可請求法院強制執行。可藉以減少無謂的糾紛，更讓雙方的權利都獲得保障。

　　可前往「法院」或「民間公證人事務所」辦理，請準備準備三份租賃契約，公證完成時，公證處存查一份，房東、房客各保留一份。所需證件如下：

房客

　　身分證正本及印章。如為法人，攜帶公司執照、營利事業登記證（影本亦可）與負責人身分證正本、公司及負責人印章。如房客本人不能親到法院，可委託他人代理，房客代理人除上述文件外，尚需房客印鑑章、房客印鑑證明及代理人身分證正本與房客委託書。

房東

　　身分證正本、印章、最近一期房屋稅單、房屋所有權狀。如為法人，

攜帶公司執照、營利事業登記證（影本亦可）與負責人身分證正本、公司及負責人印章。如房東本人不能親到法院，可委託他人代理，房東代理人除上述文件外，尚需房東印鑑章、房東印鑑證明及代理人身分證正本與房東委託書。

何謂「租賃管理公司」

基本上「租賃管理公司」就是扮演「代理房東」的角色，讓房東省去管理的時間，從做市場分析、租客需求檢視、產品定位、租屋規劃到找尋租客，之後的租賃契約、維護修繕、租客問題處理⋯⋯全套的服務。

「租賃管理公司」服務說明		
租賃前	租賃中	租賃後
1 區域分析	1 契約簽定	1 房屋清潔整理
2 市場需求	2 租屋移交	2 代為發送存證信函
3 物件定位	3 水電分算	3 催收房客積欠租金
4 室內裝潢	4 代收押金、租金	
5 設備器材規劃	5 代繳稅費	
6 挑選房客	6. 公設清潔維護	
	7. 租客問題處理	
	8. 房屋修繕維護	

委託「租賃管理公司」注意事項

1 選擇品質優良的代管公司
2 明白雙方權利義務
3 審閱合約內容細節
4 確認代管服務範圍

委託費用

　一般而言，若不包含出租前的裝潢規劃，分為「代租」和「代管」兩個部分，都是找到房客後才需要付費，大約的費用如下：

　1 代租：以租約期來計算，通常租期 1 年，房東和房客各需支付半個月租金。
　2 代管：通常是月租金的 10%，每月自租金中自動扣除。

11-04

包租婆貼心甘苦談

　　「包租生意」涵蓋了許多看不見的成本，例如「空窗期」的支出，還有各類修繕費、稅金支付，還包含「時間成本」的消耗，最常見的就是「租客狀況排除」，有時難免遇到水電、冷氣的問題，培養一些熟識的工班就可以直接請他們前往維修，費用後算，既降低時間成本，又可快速解決。

　　對於買屋，我最初的願望只是為了存錢，希望達到存房的目的。我只是個平凡的上班族，但是夢想並不是有錢人的專利，培養自己的理財觀，才不會錯失機會，人生中有很長的時間都在等待，等待學業完成，等待升職加薪，等待結婚生子……我們很難知道未來會發生甚麼事，卻不能沒有計畫。

　　計畫是自信的根源，沒有計畫的人永遠不知道未來在哪裡，成功的機率微乎其微，你開始「計畫」了嗎？思考你的被動收入的來源，規劃你的退休生活，找到人生的藍圖。你無須等待別人的肯定，聆聽自己心靈的滿足，這才是最安全踏實的保障。

Chapter 12

周全還款計畫，
提早退休不是夢

12-o1　還款有概念，少揹十年債

12-o2　提前還本金，到底省了多少利息

12-o3　想提早退休，請你跟我這樣做

12-o1

還款有概念，少揹十年債

「蝸牛背著那重重的殼啊，一步一步的往上爬。」花了好一番功夫才當上了包租婆，賺的租金卻都拿去繳房貸了，套句古惑仔說的話：「出來混的，總有一天要還的！」但是，我到底要等多久才能擺脫上班族的宿命，做好超完美計畫，讓它們仿如正在旋轉中的齒輪，一間牽動一間，快速的為我還清貸款，瞬間，背上的蝸牛殼輕盈了，蛻變為雪白的羽翼，翱翔藍天，享受財富自由的天空。

當我們夫妻買下了這三間房子以後，雖然已經養成克勤克儉的儲蓄習慣，仍然需要規劃出完整的「還款計畫」才能讓「財富自由」的目標及早達成，在雙方都有薪資收入的狀況下，財務結構在扣除「生活開支」與「日常預備金」以後，剩餘的金流則用來償還「房貸本金」。初步了解後，可以將「還款概念」分為四個部分來看：

金額均分

三間房子的租金 + 薪資 = 四個人共同償還

時間均分

　　房貸在一人償還的情況下，通常所需年限是 20 年，那麼在分母增加的時候，自然可以快速縮短繳清的時間，例如一間有 20 年房貸的房屋，若有四名人力同時用「房貸月繳額」的金額齊力償還，20*4=5，也就是說五年即可償還。

房貸結構

　　在租金穩定的情況下，當本金減少，利息支出也相對銳減，而且租金的「淨收入」也會同時增漲，將「淨收入」再拿去償還本金，如此有紀律的持續執行，越到後期「還款速度」越快，因為能投入的資金越多，就能越快還清貸款。

還款策略

　　假設三戶的「貸款餘額」和「貸款人」的資料如下：

A 戶：300 萬 （太太）

B 戶：400 萬 （太太）

C 戶：500 萬 （先生）

我的「薪資」應該先還那筆「房貸」才對呢？

　　我選擇房貸最少的「A 戶」做優先償還，因為金額最少，清償耗時最短，當然清償 A 戶的同時，B 戶、C 戶也在以各自的租金支付本身的房貸，所以執行以下「還款步驟」就可逐一將房貸還清：

步驟 1 （薪資 + A 戶租金）　　　　　　　　→去償還 A 戶

　　　　　　直到 A 戶房貸還清為止，再進行第二步驟

　　　　　　　　　　　↓

步驟 2 （薪資 + A 戶租金 + B 戶租金）　　　　→去償還 B 戶

　　　　　　直到 B 戶房貸還清為止，再進行第三步驟

　　　　　　　　　　　↓

步驟 3 （薪資 + A 戶租金 + B 戶租金 + C 戶租金）　→去償還 C 戶

　　　　　　直到 C 戶房貸還清為止，即清償完成

還款計畫圖解（見右頁）

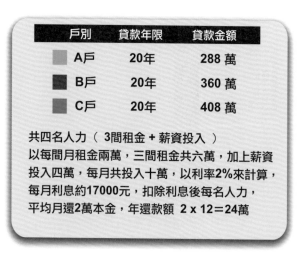

戶別	貸款年限	貸款金額
A戶	20年	288 萬
B戶	20年	360 萬
C戶	20年	408 萬

共四名人力（ 3間租金 + 薪資投入 ）
以每間月租金兩萬，三間租金共六萬，加上薪資
投入四萬，每月共投入十萬，以利率2%來計算，
每月利息約17000元，扣除利息後每名人力，
平均月還2萬本金，年還款額 2 x 12＝24萬

　　還須算入「房貸減少」則「房租淨收入」隨之提高，以及空置率、利率攀升、稅金支出等因素，在兩相扣抵的情況下，房貸還清約 9-10 年左右。

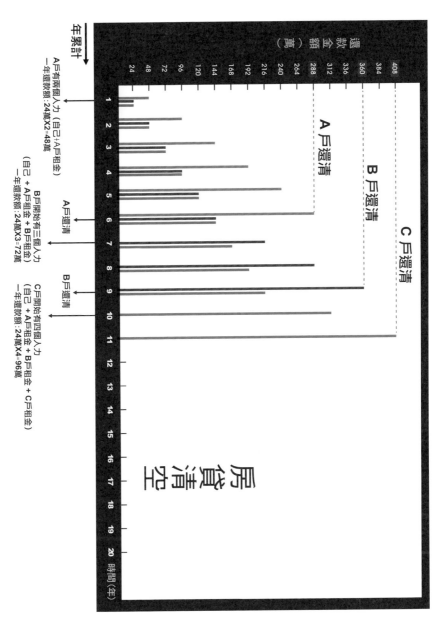

12-02

提前還本金，到底省了多少利息

　　房貸年限通常都在 20 至 30 年不等，一般來說承貸戶都想提前清償，藉此達到節省利息的效果，但在史前低利的今天，值得思考的是：到底該先還房貸，還是先進行其他投資，以謀取更高的報酬呢？

　　其實這個問題的答案因人而異。以我來說，全球經濟困窘的情況下，不管這支股票的體質再好，也很容易被大環境給連累，再加上我對股市的了解並不深，在多方考量下，我會選擇先還本金，預先省去利息支出，以免賠了夫人又折兵。往後，若是遇到金融海嘯等經濟災難，再把房屋進行「增貸」將資金投入股市，運用這樣變通的方式，讓自己先省下利息錢，靜待好的投資機會，再轉換戰場讓錢滾錢，屆時只要買「台灣 50」這類跟著大盤走的股票，就可持續累積財富，假使你是操盤高手，當然也可先行投資，只要投資後的年化投報率大於房貸利率就是值得的，因此，選擇適合自己的還本方式，才能穩定的擴增財富。

　　當我們多還本金時，到底為自己省下了多少利息呢？你非懂不可的「還款 5 大須知」教你輕鬆破解複雜的「貸款結構」。

1 即使不前往銀行臨櫃，仍然可以還本金

多數銀行除了每月扣款的銀行帳號，都可提供另一個還本金的帳號，當此帳號裡有資金匯入時，就會直接沖抵本金，因此，向銀行取得此帳號後，可將其設定為「約定帳號」，日後透過「網路銀行」就可輕鬆轉帳還本囉。

2 製作「還本記錄單」，完整紀載並激勵自己

自行製作「還本紀錄單」，把每次額外多還的本金，都詳細記錄下來，日後累積到一大疊的時候，相信我！看著這些「還本紀錄單」絕對會超有成就感，不但激發鬥志，燃起熱情，上面也清楚記載了你省下多少利息錢喔。

日期：9/4　　　共已還款：81萬

本次還款：　40000　　元
利息所佔：　3000　　　元
本金所佔：　37000　　元
新月繳額：　13892　　元
剩餘貸款：　2503628　元
省去利息：　7000　　　元

加油！共還了81萬啦...努力！！

3 理解利率算法

以最多人選擇的「指數型房貸」（一段式利率）為例：

通常利率算法是（i值 + 加碼），所謂「i值」就是定儲利率指數，「i值」是以央行的調降利率為基準，再拿前幾大銀行的利率做為參考所取得的平均利率，所以「i值」是變動的，然而「加碼」卻是固定的，

因此在初辦房貸時，就應該和銀行協調加碼的數字，即便承貸多年後也可以談「降碼」喔。

公式如下：

房貸利率＝定儲利率指數（ⅰ值）＋ 固定加碼利率

例如：房貸機動利率 2.5% = 2% + 0.5%

當「定儲利率指數」調為 2.2%，房貸利率即成為 2.2% + 0.5% = 2.7%

初步了解利率結構後，必須先了解的在「本利攤還」的情況下，我們會按月繳交，就算沒有額外多還本金，本金也是會銳減的，利息支出也會相對降低，以月繳額 17,000 元為例，假設房貸「前期」利息為 3000 元，本金為 14,000 元，到了房貸「後期」就可能變成利息為 2,500 元，本金為 14,500 元，因為在「總期數」不變的情況下，月繳額會因為本金的銳減而產生結構性的變化。

4 除了月繳額，額外多還的本金，到底省下了多少利息錢

當我們多還本金時，心中總是充滿疑惑，到底省下了多少利息錢，天阿，銀行房貸結構如此複雜，單靠自己的力量怎麼可能算的清楚，教大家一個很簡單的方法，假使在利率不變的情況下，月繳額若為 15,000 元，剩餘期數為 160 期（剩餘幾個月），我的總付出金額為 15,000 元 × 160 期 = 240 萬，240 萬減去我尚欠的本金 210 萬，

得到 30 萬的結果，也就是說銀行賺走了我 30 萬的利息錢，下次我再額外多還本金時，所得出來的結果若是 28 萬，和上次算出來的 30 萬相減，就知道我省下了 2 萬元的利息錢，這樣的算法是不是簡單許多呢。

5 理解銀行的還款系統，幫自己省更多利息

首先，必須先讓大家知道每家銀行的規定不盡相同喔，我是以自身經驗來做分享，先和銀行取得可直接還本金的帳戶後，將其設定為「約定帳號」，如此一來就可隨時運用網路銀行進行轉帳還款，我的扣款日是 10 號，月繳額是 12,000 元，銀行規定本月 10 日至下個月 10 日期間，若是「多還的本金」超過「月繳額」的兩倍，系統就會自動沖抵本金，但是若是低於兩倍，系統就會認定我是要繳交下個月的房貸，兩者之間的差異在於「前者」到了 10 日我仍需繳款，而「後者」則無須再繳款。

當我們理解銀行的還款系統後，若是領薪日為 1 號，扣款日為 10 號，就可提前繳款，降低這 9 天的利息錢，只要不超過兩倍的月繳額，銀行就不會要求我於 10 號再次匯款扣抵房貸，有時本金明明已經降為 200 萬，過了扣款日 10 號，為何就變成 2,000,200 元，居然多了 200 元，原來我的扣款日是 10 號，我卻在 8 號就預先匯款 12,000 元，因此系統只將利息算到 8 日，真正到了 10 日，系統重整時，就會把 8 日～ 10 號這兩天沒繳交的利息，重新回歸到本金總額，當我們徹底理解後，就可以利用時間差，省掉更多的利息支出！

想提早退休，請你跟我這樣做

「等我存到三千萬，我就可以退休了」這樣的話你是不是也說過呢？ 三千萬聽起來是多遙不可及，是奢望吧，這要賺多久啊，你默默的在心中喃喃念著。

用「總價的概念」來儲備「退休金」的確是一種方法，但是卻讓我們對未來缺乏安全感如果，改用「月收入的概念」來規劃就簡單多了，假設夫妻倆希望退休後月入 10 萬，那麼 10 萬的「被動收入」該如何開創就是規劃的重點了，例如： 租金收入 5 萬 + 政府的勞退金 3 萬 = 8 萬，那麼還差的這 2 萬該如何創造呢？！假設存「六百萬」投入基金或股市找到年投報率 4% 的產品，一年就有 24 萬的收益，平均月入 2 萬元，這不就補足了我的退休規劃了嗎。改用「月收入的概念」來規劃「退休金」是不是簡易多了呢。

為加快還款腳步，可選擇手中「租金最低」的物件來自住，拿「坪數較小」或「屋況較差」的物件來自住，委屈幾年來換取高報酬，清償完第一間房貸後，以屋養屋不斷將資金回流，既可早日清償房貸。

轉換思維的方式不只一種，當資金系統完成後，也可把台北精華區的房產都出租，以換取高收入，自己卻轉而居住在台中、高雄等物價水準較低的城市，也是一種變通方式。當持有的房地產增值且房貸降低的情況下，也可以選擇出售，進行一次性的獲利了結，如此一來，身邊的現金水位多了，安全感增加，即可作為退休儲備金。

房產價值再利用，繼續錢滾錢

當名下房產的「價值增漲」加上多年來「償還的本金」，是否可以再提撥出來運用呢？房地產雖為不動產，但其實在「價值增加」和「貸款比重降低」的情況下，擁有好的信用和財力證明，是可以拿出來再做利用的。

房貸就像是一本存款簿，當你努力還款的同時，也等同創造了未來投資的預備金，靜待下一個關鍵時刻，尋找出致富的契機，因此，多觀察持有房產的價值波動，關心銀行的政策變化，這些都有助於強化資金運轉的可能性。

「財富自由」的關鍵不是在於一朝致富，而是持續規律的「儲蓄基礎」和多元豐富的「投資思維」，在全球經濟困窘的環境下，對於小資家庭來說，這是一場馬拉松式的角力戰，一份好的藍圖規劃才能看到致富的前景。

夢想不是富人的專利

多年來，依循著堅毅的信念，督促自己確實做到「記帳」與「財務規劃」，圖中左邊的超長的計劃表，即是我運用「還款概念」，所做出來的「八年還款規劃」，並在計畫表中加入螢光筆的色塊，在該年結束後，寫入最終達成的數字，呵！是不是毅力驚人呢，這種瘋狂的執行力，其實你也做得到，雖然，「知識」與「資本」總被認定是成功的關鍵，但是你知道嗎，背後的主力其實是來自於你強大的心靈，今天的我們無時無刻都在享受科技所帶來的便利，我們揮動指尖就完成了很多事情，網路資訊爆炸的時代，大家顯少進入圖書館找查資料，電視節目也不再只有三台，擁有了總統投票權，捷運也縮短了通勤的時間，過往買房需要承擔超高房貸利率 10 幾 %，現在卻是 2 ～ 3%，然而在全球經濟低迷的今天，高房價、薪資比低、極端氣候等，這些新世代所遭逢的逆境，我們也都在概括承受著。

計畫是成功的開始，落實執行才能嘗到甜美的果實

　　雖然，每個世代都有它的好或不好，但是我相信「態度」會決定「人生的高度」，不問環境，我們先「找回態度」，告訴自己夢想絕對不是富人的專利，一旦你果決的跨出第一步，你就有機會達成「財富自由」的願景，因為你已經克服了人性中的恐懼，當然，投資理財不是靠想像，儲備好心靈的能量，從「儲蓄」開始。

　　一個懂得「儲蓄」的人才有資格跨上理財的道路，因為無論遭遇任何挫折，他都有重新站起來的能力，不著眼於別人擁有些甚麼，先沉著的面對自己能做些甚麼，如何做。策略性的前進，才有機會翻身，簡單的事情重複做，你就是專家；重複的事情用心做，你就是贏家，這不是口號，只要你付諸行動，相信我，只要有心，人人都能是贏家！

Solution63

80 萬變 3200 萬！小資女的包租鍊金術
從卡奴晉升包租婆的投資紀實，你買對房子，找好房客，提早退休不是夢

作者	里歐娜
責任編輯	楊宜倩
美術設計	莊佳芳
封面人物攝影	周禎和

發行人	何飛鵬
社長	許彩雪
總編輯	張麗寶
叢書副主編	楊宜倩
出版	城邦文化事業股份有限公司 麥浩斯出版
E-mail	cs@myhomelife.com.tw
地址	104 台北市中山區民生東路二段 141 號 8 樓
電話	02-2500-7578

發行　英屬蓋曼群島商家庭傳媒股份有限公司城邦分公司
地址　104 台北市中山區民生東路二段 141 號 2 樓
讀者服務專線　0800-020-299（週一至週五上午 09:30 ～ 12:00；下午 13:30 ～ 17:00）
讀者服務傳真　02-2517-0999
讀者服務信箱　cs@cite.com.tw
劃撥帳號　1983-3516
劃撥戶名　英屬蓋曼群島商家庭傳媒股份有限公司城邦分公司

總經銷　高見文化行銷股份有限公司
電話　02-2668-9005
傳真　02-2668-6220

香港發行　城邦（香港）出版集團有限公司
地址　香港灣仔駱克道 193 號東超商業中心 1 樓
電話　852-2508-6231
傳真　852-2578-9337

新馬發行　城邦（新馬）出版集團 Cite（M）Sdn. Bhd.（458372 U）
地址　41, Jalan Radin Anum, Bandar Baru Sri Petaling,
　　　57000 Kuala Lumpur, Malaysia.
電話　603-9056-3833
傳真　603-9056-2833

製版印刷　凱林印刷事業股份有限公司
定價　新台幣 320 元
ISBN　978-986-5802-25-7
2013 年 10 月初版一刷 · Printed in Taiwan
版權所有 · 翻印必究（缺頁或破損請寄回更換）

80 萬變 3200 萬！小資女的包租鍊金術：從卡奴晉升包租婆的
投資紀實，教你買對房子，找好房客，提早退休不是夢 / 里歐娜
著. -- 初版. -- 臺北市：麥浩斯出版：家庭傳媒城邦分公司發行,
2013.10
　面；　公分 . -- (Solution；63)
ISBN 978-986-5802-25-7(平裝)

1. 不動產業 2. 投資

554.89　　　　　　　　　　　　　　　　　　　102018479

國家圖書館出版品預行編目 (CIP) 資料